"十三五"国家重点图书出版规划项目
交通运输科技丛书·公路基础设施建设与养护

Research on Bridge Safety Guarantee Strategy and Technology

我国桥梁安全保障战略和技术

周建庭 郑 丹 李亚东 著

内 容 提 要

深入了解我国桥梁目前安全保障现状，分析安全保障过程中存在的问题，紧紧把握新时期公路桥梁安全保障的新要求，并积极探索有效的安全保障途径，对于保障公路桥梁的长期性能，有着突出的时代意义。本书依托中国工程院重点咨询项目"交通基础设施重大结构安全保障战略研究"撰写而成，全书共分 8 章，分析了交通基础设施重大结构面临的性能退化、自然灾害和人为灾害等安全保障问题；阐述了国内外该领域的发展现状和趋势；总结国外发达国家的交通基础设施建设的发展经验和教训；分析了重大结构安全保障面临的挑战；最后提出了我国交通基础设施建设和发展战略。

本书可为桥梁、公路和铁路部门从事桥梁和养护管理工作人员提供参考。

图书在版编目(CIP)数据

我国桥梁安全保障战略和技术／周建庭，郑丹，李亚东著. — 北京：人民交通出版社股份有限公司，2019.5
　　ISBN 978-7-114-15496-6
　　Ⅰ. ①我… Ⅱ. ①周… ②郑… ③李… Ⅲ. ①桥—安全技术　Ⅳ. ①U447

中国版本图书馆 CIP 数据核字(2019)第 082085 号

"十三五"国家重点图书出版规划项目
交通运输科技丛书·公路基础设施建设与养护

书　　　名：	我国桥梁安全保障战略和技术
著 作 者：	周建庭　郑　丹　李亚东
责任编辑：	周　宇　侯蓓蓓
文字编辑：	周　凯
责任校对：	张　贺
责任印制：	张　凯
出版发行：	人民交通出版社股份有限公司
地　　址：	(100011)北京市朝阳区安定门外外馆斜街 3 号
网　　址：	http：//www.ccpress.com.cn
销售电话：	(010)59757973
总 经 销：	人民交通出版社股份有限公司发行部
经　　销：	各地新华书店
印　　刷：	北京虎彩文化传播有限公司
开　　本：	787×1092　1/16
印　　张：	9.25
字　　数：	211 千
版　　次：	2019 年 5 月　第 1 版
印　　次：	2019 年 5 月　第 1 次印刷
书　　号：	ISBN 978-7-114-15496-6
定　　价：	50.00 元

(有印刷、装订质量问题的图书，由本公司负责调换)

交通运输科技丛书编审委员会

（委员排名不分先后）

顾　　问：陈　健　周　伟　成　平　姜明宝

主　　任：庞　松

副 主 任：洪晓枫　袁　鹏

委　　员：石宝林　张劲泉　赵之忠　关昌余　张华庆

　　　　　郑健龙　沙爱民　唐伯明　孙玉清　费维军

　　　　　王　炜　孙立军　蒋树屏　韩　敏　张喜刚

　　　　　吴　澎　刘怀汉　汪双杰　廖朝华　金　凌

　　　　　李爱民　曹　迪　田俊峰　苏权科　严云福

总 序

科技是国家强盛之基,创新是民族进步之魂。中华民族正处在全面建成小康社会的决胜阶段,比以往任何时候都更加需要强大的科技创新力量。党的十八大以来,以习近平同志为总书记的党中央作出了实施创新驱动发展战略的重大部署。党的十八届五中全会提出必须牢固树立并切实贯彻创新、协调、绿色、开放、共享的发展理念,进一步发挥科技创新在全面创新中的引领作用。在最近召开的全国科技创新大会上,习近平总书记指出要在我国发展新的历史起点上,把科技创新摆在更加重要的位置,吹响了建设世界科技强国的号角。大会强调,实现"两个一百年"奋斗目标,实现中华民族伟大复兴的中国梦,必须坚持走中国特色自主创新道路,面向世界科技前沿、面向经济主战场、面向国家重大需求。这是党中央综合分析国内外大势、立足我国发展全局提出的重大战略目标和战略部署,为加快推进我国科技创新指明了战略方向。

科技创新为我国交通运输事业发展提供了不竭的动力。交通运输部党组坚决贯彻落实中央战略部署,将科技创新摆在交通运输现代化建设全局的突出位置,坚持面向需求、面向世界、面向未来,把智慧交通建设作为主战场,深入实施创新驱动发展战略,以科技创新引领交通运输的全面创新。通过全行业广大科研工作者长期不懈的努力,交通运输科技创新取得了重大进展与突出成效,在黄金水道能力提升、跨海集群工程建设、沥青路面新材料、智能化水面溢油处置、饱和潜水成套技术等方面取得了一系列具有国际领先水平的重大成果,培养了一批高素质的科技创新人才,支撑了行业持续快速发展。同时,通过科技示范工程、科技成果推广计划、专项行动计划、科技成果推广目录等,推广应用了千余项科研成果,有力促进了科研向现实生产力转化。组织出版"交通运输建设科技丛书",是推进科技成果公开、加强科技成果推广应用的一项重要举措。"十二五"期间,该丛书共出版72册,全部列入"十二五"国家重点图书出版规划项目,其中12册获得国家出版基金支持,6册获中华优秀出版物奖图书提名奖,行业影响力和社会知名度不断扩大,逐渐成为交通运输高端学术交流和科技成果公开的重要平台。

"十三五"时期,交通运输改革发展任务更加艰巨繁重,政策制定、基础设施建设、运输管理等领域更加迫切需要科技创新提供有力支撑。为适应形势变化的需要,在以往工作的基础上,我们将组织出版"交通运输科技丛书",其覆盖内容由建设技术扩展到交通运输科学技术各领域,汇集交通运输行业高水平的学术专著,及时集中展示交通运输重大科技成果,将对提升交通运输决策管理水平、促进高层次学术交流、技术传播和专业人才培养发挥积极作用。

当前,全党全国各族人民正在为全面建成小康社会、实现中华民族伟大复兴的中国梦而团结奋斗。交通运输肩负着经济社会发展先行官的政治使命和重大任务,并力争在第二个百年目标实现之前建成世界交通强国,我们迫切需要以科技创新推动转型升级。创新的事业呼唤创新的人才。希望广大科技工作者牢牢抓住科技创新的重要历史机遇,紧密结合交通运输发展的中心任务,锐意进取、锐意创新,以科技创新的丰硕成果为建设综合交通、智慧交通、绿色交通、平安交通贡献新的更大的力量!

2016 年 6 月 24 日

前　言

桥梁等交通基础设施的安全性和保障能力对于交通的畅通有着重要意义,事关国家安全、国防安全和国计民生,安全风险问题越来越受到人们的重视。深入了解我国交通基础设施目前安全保障现状,分析安全保障过程中存在的问题,紧紧把握新时期安全保障的新要求,并积极探索有效的安全保障途径,对于提高我国交通基础设施的利用效率,保障其长期安全性能,有着突出的时代意义。

针对上述问题,中国工程院启动"交通基础设施重大结构安全保障战略研究"重点咨询项目研究,针对交通基础设施重大结构性能退化、自然灾害、人为灾害和恐怖袭击等安全保障问题,开展桥梁、隧道、路基道面、轨道、城市地下空间等交通基础设施安全保障方面的工作,阐述国内外该领域的发展现状和趋势,总结国外发达国家的交通基础设施建设的发展经验和教训,分析重大结构安全保障面临的挑战,提出了我国交通基础设施建设和发展战略。

本书主要介绍了该重点咨询研究项目课题一的研究成果——我国桥梁安全保障战略和技术,共分8章。第1章介绍了桥梁安全保障的必要性,由周建庭执笔。第2章介绍了我国桥梁建设的成就和发展趋势,由郑丹、周建庭执笔。第3章介绍了影响桥梁安全的因素和事故案例分析,由周建庭执笔。第4章介绍了桥梁安全事故的调查统计分析,由李亚东执笔。第5章介绍了我国桥梁安全保障体系和适应性分析,由郑丹执笔。第6章讨论和分析了我国桥梁安全保障面临的挑战,由李亚东执笔。第7章介绍了国外桥梁安全保障战略和技术,由郑丹、周建庭执笔。第8章提出了我国桥梁结构安全保障战略,由周建庭执笔。

本书的研究工作得到了国家杰出青年基金项目(51425801)、国家重点研发计划项目(2016YFC0802202)、国家重点研发计划项目(2017YFC0806007)、国家自然科学基金(51479013)的大力支持。同时,借鉴参考了国内外有关专家的研究成果,在此表示感谢!

本书总结了作者关于国内外桥梁安全保障领域的研究成果,提出了一些较前沿的研究思路和方向，其中一些观点仅代表作者当前对上述问题的认识，有待进一步的补充、完善和提高。由此，本书中难免存在不足乃至错误之处，敬请读者予以批评和指正。

作者
2018 年 9 月

目　　录

第 1 章　绪论 ·· 001
　1.1　背景 ·· 001
　1.2　我国桥梁安全保障的现状 ·· 001
　1.3　研究过程 ·· 003

第 2 章　我国桥梁建设成就和发展趋势 ·· 004
　2.1　我国桥梁建设现状 ·· 004
　2.2　我国桥梁发展趋势 ·· 025
　2.3　小结 ·· 025

第 3 章　影响桥梁安全的因素与安全事故案例 ··· 026
　3.1　影响桥梁安全的自然因素和案例分析 ·· 026
　3.2　影响桥梁安全的人为因素和案例分析 ·· 039

第 4 章　桥梁安全事故的调查统计分析 ·· 048
　4.1　国外桥梁事故调查分析 ·· 048
　4.2　国内桥梁事故调查分析 ·· 050
　4.3　国内外桥梁事故对比分析 ··· 053
　4.4　小结 ·· 057

第 5 章　桥梁安全保障体系和适应性分析 ··· 059
　5.1　我国桥梁结构安全保障现状 ·· 060
　5.2　我国桥梁结构安全保障措施取得的成效 ··· 083
　5.3　现有桥梁结构安全保障体系不足 ·· 089
　5.4　小结 ·· 093

第 6 章　我国桥梁安全保障面临的挑战 ·· 094
　6.1　我国桥梁技术现状与预测 ··· 094
　6.2　我国桥梁安全面临的问题和挑战 ·· 108
　6.3　小结 ·· 114

第 7 章　国外桥梁安全保障战略和技术 ·· 116
　7.1　国外桥梁安全保障体系 ·· 116
　7.2　国外桥梁安全保障计划的借鉴 ··· 123

7.3 小结 ·· 131
第8章 我国桥梁安全保障战略 ·· 132
8.1 总体目标 ·· 132
8.2 战略措施 ·· 133
8.3 战略任务 ·· 133
8.4 建议 ·· 134
参考文献 ·· 135

第1章 绪　　论

1.1 背　　景

　　交通运输是经济现代化的重要标志,也是社会、地区发展的先决条件。桥梁等重大交通基础设施是我国经济和社会发展的重要支撑,为广大人民群众提供物流和运输服务的同时,大大改善了制造业和流通领域的经营方式,提高了经济效率。在确保国家重点物资运输、重要工程建设、重大科研基地及军事运输需要、完善国家综合交通运输体系、加强国防建设的同时,对产业结构及分布、城市结构和规模、中小城镇乃至广大农村地区的发展,提高居民生活水平、增进民族团结、缩小地区差距、均衡城乡差别和中西部区域差别,促进国家发展战略的实施等方面起着关键作用,有着重要而深远的经济效益和社会效益。

　　经过20余年的交通大建设,根据交通运输部公布的行业发展统计公报,截至2017年底,我国公路桥梁已达83.25万座、5225.62万m;高速铁路已达2.5万km,其中桥梁占60%以上。我国大陆和岛屿海岸线长约3.2万km,在沿河入海口及沿海诸多岛屿与大陆的联络工程中,建设了众多跨度大而且涉水深的桥梁,如东海大桥、杭州湾大桥、青岛海湾大桥等。桥梁作为陆上、海上交通系统的重要组成部分,对促进现代国家政治统一、加强地缘政治、密切西部少数民族地区与内地联系起着不可或缺的作用。

　　总之,交通基础设施的安全性和保障能力对于交通的畅通有着重要意义,事关国家安全、国防安全和国计民生。桥梁的安全风险问题将越来越受到人们的重视。深入了解我国桥梁目前安全保障现状,分析安全保障过程中存在的问题,紧紧把握新时期桥梁安全保障的新要求,并积极探索有效的安全保障途径,对于提高我国桥梁的利用效率,保障桥梁长期安全性能,有着突出的时代意义。

1.2 我国桥梁安全保障的现状

　　改革开放40年来,我国交通基础设施建设取得了世人瞩目的成就。与世界工业化发达国家相比,我国的交通基础设施建设总体表现出起步晚、速度快、强度大等特点。一方面,因结构的自然劣化、严峻的服役条件以及不足的养护维修等因素,一部分结构过早地出现了安全性不足、耐久性降低、适用性不强的状况,这导致结构的实际使用寿命远远短于期望的使用年限。随着时间的推移,我国大批的工程结构物老化现象日益突出,部分重大结构也将陆续达到设计使用寿命,如何科学决策它们的归属或合理使用将是我国面临的一个重要问题。另一方面,以往新建结构时的高速度和高强度施工的影响必然会集中反映到将来既有结构的维修加固上,届时将会给养修经费、交通运输和社会生活等带来巨大压力。

结构长期性能退化、材料老化与劣化对我国重大结构安全的影响日益突出，长期以来，人们受混凝土是一种耐久性能良好的建筑材料的影响，忽视了钢筋混凝土结构的耐久性问题。而现实情况是，混凝土碳化和钢筋锈蚀等原因引起的结构破坏问题非常重要，混凝土碳化和钢筋锈蚀需要处理的工程具有普遍性，造成的损失也是难以估量的。

我国传统的桥梁设计中未明确桥梁整体及主要构件的设计寿命，桥梁设计寿命的确定也缺乏技术支撑和具体的设计方法，对桥梁影响周围生态环境和桥梁景观与周围环境和谐统一等问题的考虑较少，导致了现有桥梁存在使用性能差、使用寿命短、全寿命经济性指标差等问题，已经严重影响了桥梁正常服务功能的发挥，并且给养护、维修等后期运营管理带来巨大的经济和社会负担。设计与施工质量存在缺陷仍然是影响我国目前现有交通基础设施寿命安全的一个重大隐患，也是目前重大事故发生的主要原因之一，如何科学诊断、评估、处置该类隐患将会是一项长期且艰巨的任务。改革开放以来，由于我国基本建设超常规发展，诸多项目设计周期短且质量监控措施不到位、施工周期短且监理作用发挥不充分、材料质量参差不齐且检验措施不够十分严谨、对一线工人的相应技术培训缺失，导致大量结构存在不同程度的缺陷。

超载与日常维修管理欠缺是影响重大结构损伤状态和实际使用寿命的重要因素。近年来，随着交通运输量的大幅增长和汽车的大型化与重型化，超载、超限运输现象十分严重，运输荷载大大超过结构的设计荷载和承受能力，长期超负荷运营导致结构发生开裂与损伤，严重缩短结构的使用寿命，危及结构的使用安全。据有关统计，我国公路每年因车辆超载超限运输造成的经济损失高达数百亿元，70%的道路交通安全事故由车辆超限超载引发，50%的重、特大道路交通事故与超限超载运输有直接关系。目前，除了政策、法规与管理制度的改进以外，如何评估超载对结构性能与剩余寿命的影响仍有待进一步研究。

各类自然与人为灾害长期是重大结构使用安全的重大威胁。我国幅员辽阔，地理气候条件复杂，自然灾害种类多且发生频繁，大量修建的交通基础设施重大结构受台风、地震、泥石流、滑坡等自然灾害的影响巨大，同时，爆炸、冲击、火灾等人为灾害对结构安全的影响也不容忽视。考虑各类灾害作用并基于长寿命安全的结构设计理论与方法、政策、法规与规范等，均有大量的研究工作要做。

我国仍处于交通快速发展时期，一大批结构新颖、技术复杂、设计和施工难度大且科技含量高的重大工程结构相继建成，但快速、高效的建设使工程本身存有许多质量问题；而且随着既有基础设施服役期的不断增长，病害和人为破坏不断增加，灾致破坏形式和致灾行为与后果更为多变；智能化发展趋势下的交通基础设施的安全保障呈现新内容、新形式和新特征。交通基础设施长寿命安全问题将越来越受到重视，迫切需要建立合理的安全风险预测评估和保障机制，以提高其抗风险能力，保证在运营期间的安全性。

鉴于交通基础设施日益严峻的安全形势及其在国计民生中的重要地位，许多国家先后发起了针对交通基础设施的战略性研究计划。如美国的长期桥梁性能研究计划、日本的基础设施长寿命化基本计划、加拿大的道路管理系统、澳大利亚和新西兰的资产管理系统、英国基于GIS的路面管理系统以及道路改善工程等。总体来说，相比发达国家而言，我国在重大结构长寿命安全领域的研究和应用上还存在较大的差距，具体表现在缺乏国家层面的行动计划和必要的政策与资金支持，研究工作系统性不足，深度与广度不够。考虑到我国国土面积辽阔、资源相对短缺,社会经济发展总体水平低下、公路基础设施结构矛盾等较突出的特点,实施交通基础设施重大结构长寿命安全保障计划尤为迫切。

1.3 研究过程

随着我国交通基础设施的快速发展,桥梁等重大结构物在服役期间直接受到各种因素的影响,如各种运营条件(车辆荷载等)、环境因素(温度、湿度、降雨、降雪、暴雨、洪水、台风等)、地震及其诱发的滑坡、泥石流、沉陷等灾变,结构性能会产生退化,另外各种人为灾害(设计不当、施工措施不合理、超载、管养不到位等)或恐怖袭击等,都会对交通基础设施产生不利乃至致命的影响,使得灾变进一步恶化,严重影响交通功能的正常发挥,严重危及人民群众生命财产的安全,甚至可能会导致重要交通干线或城市瘫痪,引发更为严重的次生灾害,影响到社会的安定和人民的福祉。

针对上述问题,中国工程院启动重点咨询项目"交通基础设施重大结构安全保障战略研究",针对交通基础设施重大结构性能退化、自然灾害、人为灾害和恐怖袭击等安全保障问题,开展桥梁、隧道、路基道面、轨道、城市地下空间等交通基础设施安全保障方面的工作,阐述国内外该领域的发展现状和趋势,总结国外发达国家的交通基础设施建设的发展经验和教训,分析重大结构安全保障面临的挑战,提出了我国交通基础设施建设和发展战略。其中,咨询项目的课题一为"重大桥梁结构安全技术和战略",其研究对象是桥梁结构。课题组针对地震、风灾、滑坡、泥石流、铁路桥梁结构的安全保障问题,桥梁结构的安全现状、安全监测与预警、冰雪凝冻等自然灾害,以及可能的人为破坏灾害威胁,开展山区桥梁结构、大跨复杂桥梁结构、干线和高速铁路桥梁国内外科技发展的现状与趋势、安全处治等技术性和战略性研究。

课题研究主要采用广泛调研、战略分析、统计分析、专家咨询和前瞻性规划等方法。广泛调研我国桥梁基本情况及其安全保障技术、措施和政策的现状。在对行业主管部门(交通运输部、国家铁路局)及其业务支持部门(公路及铁路设计、科研院所等)走访调研的基础上,制作"桥梁基本情况及其安全保障调查问卷",遴选重点省份和路局分别开展桥梁基本情况(分布、结构形式、类别等)、安全保障制度(养护检测、监测等)、桥梁安全保障措施(技术、装备及人员)等方面调研工作,在此基础上形成我国桥梁安全状况总体情况分析报告。项目研究中通过对文献、书籍、网络等渠道收集了国内外桥梁事故坍塌及损伤的资料,并对这些数据进行了统计分析,总结分析了事故发生的原因。同时广泛调研收集了重庆市、湖南省以及全国其他省区市的桥梁技术状态数据,按不同建设年代进行了分析统计,并对桥梁技术状态的演化进行了预测。广泛开展专家咨询,从政策宏观层面修订桥梁安全保障指导思想与战略部署,咨询管理和技术专家,面向政策宏观层面,不断修订桥梁安全保障指导思想与战略部署。

在广泛调查研究的基础上,课题主要调研分析了桥梁结构安全保障理论,论述了我国桥梁安全保障领域的现状与面临的挑战战略的指导思想和主要目标、现状、优势以及与国外的主要差距,在此基础上提出了我国桥梁安全保障思想,形成我国桥梁安全保障战略重点及重点任务,并提出了相应的政策措施和建议。

第 2 章　我国桥梁建设成就和发展趋势

我国自改革开放以来,桥梁建设以令世人惊叹的规模和速度迅猛发展,取得了巨大成就。如今在祖国的江、河、湖、海和高速公路上,不同类型、不同跨径的桥梁,千姿百态,异彩纷呈,展示着我国交通建设特别是桥梁建设的辉煌成果。桥梁建设的成就和技术进步,是广大桥梁科技工作者才华、智慧和汗水的结晶,充分体现了我国综合国力的增强和改革开放的成果,标志着我国桥梁建设技术总体上进入国际先进水平。

2.1　我国桥梁建设现状

2.1.1　我国公路桥梁(含部分铁路和公铁两用桥)建设现状

截至 2017 年底,全国公路总里程 477.35 万 km,公路密度 49.72km/100km²,其中高速公路通车里程 13.65 万 km。作为公路的重要组成部分,桥梁建设也取得了举世瞩目的成就如图 2.1 所示。

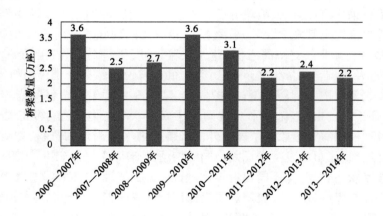

图2.1　各年代桥梁修建数量

截至 2017 年底,全国公路桥梁 83.25 万座、5225.62 万 m,比上年增加 2.72 万座、308.66 万 m,其中特大桥梁 4646 座、826.72 万 m,大桥 91777 座、2424.37 万 m。全国公路隧道 16229 处、1528.51 万 m,增加 1048 处、124.54 万 m,其中特长隧道 902 处、401.32 万 m,长隧道 3841 处、659.93 万 m。

我国桥梁的建设历程与我国各个阶段的社会经济以及科技发展水平密切相关,我国近代桥梁的建设大致可分为四个阶段：

（1）中华人民共和国成立初期（1949—1960年），主要是引进、消化吸收苏联的建桥技术，建成了第一座长江大桥——武汉长江大桥，学习掌握钢桥的焊接技术和预应力技术，引进了T形简支梁、带挂孔悬臂梁钢筋混凝土梁桥等一批标准图，推进了我国中小跨度钢筋混凝土梁桥的发展。

（2）经济困难和"文化大革命"时期（1960—1976年），由于经济条件恶化，建筑材料匮乏，施工设备落后，我国桥梁工程师在困难条件下设计并开发了一些符合国情的桥梁结构形式和造桥技术，发明了双曲拱桥、刚架拱桥、工字梁+微弯板等结构形式。

（3）改革开放初期（1976—1990年），桥梁界积极学习国外先进的桥梁建设技术，在大跨斜拉桥和连续梁桥方面进行了学习和尝试，自主建成了上海南浦大桥、广州洛溪大桥，通过20世纪80年代的学习和追赶，为我国20世纪90年代以后全国范围的桥梁建设奠定了基础。

（4）经济腾飞和技术赶超时期（20世纪90年代以后），我国掌握了大跨连续梁和斜拉桥的建造技术，在全国范围内建设了大量此类桥梁，并在现代悬索桥建设方面进行了探索，建成了汕头海湾大桥、西陵长江大桥和虎门大桥。20世纪90年代末至21世纪初，我国桥梁建设技术实现了全面赶超，建成了一批具有世界影响的桥梁，并在新的结构形式上进行了创新，大跨钢管拱桥、矮塔斜拉桥、多塔连跨悬索桥等新的结构形式在我国进行了推广应用，实现了桥梁设计、施工等核心技术的跨越，我国一跃成为具有世界影响的桥梁大国。

我国大跨度桥梁的发展，主要始于铁路钢桥。例如，1894年我国铁路先驱詹天佑先生修建的滦河铁路大桥（第一次采用气压沉箱基础，全长670.6m，17孔，包括30.5m上承式钢桁梁、61m下承式钢桁梁等，已废弃），1937年由我国桥梁先驱茅以升先生主持修建的杭州钱塘江大桥（公铁两用，主跨16×65.84m钢桁梁，采用气压沉箱基础，浮运法架设）。在公路和城市道路方面，在20世纪初30年代，也修建过一些大跨钢桥。例如，浙江奉化方桥（1907年建成，德国工程师设计，单孔下承式钢桁梁，85.5m长，2007年被船撞毁）、兰州黄河铁桥（1909年建成，德国人承建，5孔，233m长，1954年改造加固，2004年全面维修）、广西龙州铁桥（1915年，法国人设计，黄英承建，单孔跨径106m下承式钢桁梁，1940年7月被炸）等。

我国近年来建成和在建的特大桥梁，不少在世界桥梁工程领域中具有显著和重要地位。在拱桥方面，2009年建成的重庆朝天门大桥是世界最大跨度的钢拱桥（主跨552m），2013年建成的四川合江长江一桥是世界最大跨度的钢管混凝土拱桥（主跨530m），沪昆客专北盘江特大桥是世界最大跨度的钢筋混凝土拱桥（主跨445m）。在斜拉桥方面，在建的沪通长江大桥（公铁两用，跨度1092m）为世界第二跨度斜拉桥，苏通大桥（主跨1088m）、香港昂船洲大桥（主跨1018m）和鄂东长江大桥（主跨926m）则紧随其后。在悬索桥方面，在建的武汉杨泗港大桥主跨达1700m，为世界第二大悬索桥，舟山西堠门大桥以1650m的跨度位列第三。在梁桥方面，采用混合结构的重庆石板坡大桥跨度达330m，采用低塔加劲的芜湖长江大桥跨度为312m，采用空腹式连续刚构的水盘高速公路北盘江特大桥的跨度为290m。同时，随着交通事业的蓬勃发展，我国已经建成或正在规划修建大量跨海桥梁工程。这些长、大桥梁多数修建在水深、流急的大江河上或环境恶劣的海上，给桥梁的安全保障问题带来了新的挑战。

据不完全数据统计,世界各类桥梁的跨径排名参见表2.1~表2.12。从表中可以看出,在各类桥梁跨径的前十名中,我国建设的桥梁都占据了多数席位。特别是钢管混凝土拱桥,前十名均为中国建造。

预应力混凝土连续梁桥最大跨径排名　　　　　　　　　　　　　　表2.1

桥　名	桥　址	国　家	建成年份(年)	主跨(m)
贝斯卡桥	贝斯卡	塞尔维亚	1975	210
莫赛尔桥	莫赛尔	瑞士	1974	192
奥威尔桥	奥威尔	英国	1982	190
乐自高速公路岷江特大桥	四川乐山	中国	2013	180
舟山长松大桥	浙江	中国	2007	170
宜宾向家坝金沙江大桥	四川	中国	2007	170
新帝国大桥	维也纳	奥地利	1980	169
新邕宁邕江特大桥(铁路桥)	广西南宁	中国	2015	168
广州海怡大桥	广东	中国	2010	166
南京长江二桥北汊桥	南京	中国	2001	165
怒江六库大桥	云南	中国	1990	154

预应力混凝土连续刚构桥最大跨径排名　　　　　　　　　　　　　　表2.2

桥　名	桥　址	国　家	建成年份(年)	主跨(m)
石板坡桥①	重庆	中国	2006	330
斯托尔马桥	艾斯特沃尔	挪威	1998	301
拉脱胜德桥	罗弗敦	挪威	1998	298
桑多恩桥	莫舍恩	挪威	2003	298
北盘江大桥	贵州—云南	中国	2013	290
虎门大桥辅航道桥	广东虎门	中国	1997	270
苏通大桥辅航道桥	江苏南通—常熟	中国	2008	268
红河大桥	云南元江	中国	2003	265
门道桥②	布里斯班	澳大利亚	1986	260
Varodd桥	克里斯蒂安桑	挪威	1993	260

注:①混合梁结构,主跨跨中设置103m长的钢箱梁。
　　②2011年紧邻旧桥再建了一座同样跨度的新桥。

悬臂钢桁架梁桥最大跨径排名　　　　　　　　　　　　　　表2.3

桥　名	桥　址	国　家	建成年份(年)	主跨(m)
魁北克桥	魁北克	加拿大	1917	549
福斯桥	爱丁堡	英国	1890	521
港大桥	大阪	日本	1973	510
准将巴里桥	宾夕法尼亚,切斯特	美国	1974	501
新奥尔良Ⅰ桥	路易斯安那,新奥尔良	美国	1958	480

续上表

桥　名	桥　址	国　家	建成年份(年)	主跨(m)
新奥尔良Ⅱ桥	路易斯安那,新奥尔良	美国	1988	480
豪拉大桥	加尔各答	印度	1943	457
老兵纪念大桥	格拉梅西,路易斯安那	美国	1995	445
东京京门大桥	东京	日本	2012	440
跨湾大桥	加利福尼亚,旧金山	美国	1936	427
霍勒斯·威尔金森桥	巴吞鲁日,路易斯安那	美国	1968	376

连续钢桁梁桥最大跨径排名　　　　　　　　　　　　表2.4

桥　名	桥　址	国　家	建成年份(年)	主跨(m)
生月大桥	长崎	日本	1991	400
阿斯托利亚·梅格勒大桥	俄勒冈	美国	1967	376
弗朗西斯·斯科特·基桥	马里兰	美国	1977	366
大岛大桥	山口	日本	1976	325
芜湖长江大桥①	安徽芜湖	中国	2000	312
天门桥	天草	日本	1966	300
黑之濑户大桥	鹿儿岛	日本	1974	300
雷文斯伍德桥	雷文斯伍德	美国	1980	270
东江南特大桥	广东东莞	中国	2013	264
中央桥	辛辛那提	美国	1995	259

注：①公铁两用桥,带低塔斜索加劲。

钢箱梁桥最大跨径排名　　　　　　　　　　　　表2.5

桥　名	桥　址	国　家	建成年份(年)	主跨(m)
里约—尼泰罗伊桥	里约热内卢	巴西	1974	300
内卡河桥	魏延根	德国	1978	263
萨瓦河布兰科夫大桥	贝尔格莱德	塞尔维亚	1956	261
维多利亚Ⅲ号桥	圣埃斯皮里图	巴西	1989	260
动物园桥	科隆	德国	1966	259
萨瓦河羚羊桥	贝尔格莱德	塞尔维亚	1970	250
凯塔桥	广岛	日本	1991	250
纳米哈亚桥	大阪	日本	1994	250
奥克兰港大桥	奥克兰	新西兰	1969	244
东京湾海上通道桥	东京	日本	1997	240

钢拱桥最大跨径排名　　　　　　　　　　　　表2.6

桥　名	桥　址	国　家	建成年份(年)	主跨(m)
朝天门大桥	重庆	中国	2009	552

续上表

桥　名	桥　址	国家	建成年份（年）	主跨（m）
卢浦大桥	上海	中国	2003	550
傍花大桥	首尔	韩国	2000	540
新河谷桥	西弗吉尼亚	美国	1977	518
贝永桥	纽约	美国	1931	504
悉尼港大桥	悉尼	澳大利亚	1932	503
杰纳布河铁路桥	卡特拉	印度	2017	460
明州大桥	浙江宁波	中国	2011	450
南广铁路肇庆西江特大桥	广东肇庆	中国	2012	450
新光大桥	广州	中国	2006	428

钢管混凝土拱桥最大跨径排名　　　　　　　　表 2.7

桥　名	桥　址	国　家	建成年份（年）	主跨（m）
波司登大桥	四川合江	中国	2013	530
巫峡长江大桥	重庆巫山	中国	2005	460
支井河大桥	湖北巴东	中国	2009	430
丫髻沙大桥	广州	中国	1997	360
准朔铁路黄河特大桥	山西	中国	2017	360
茅草街大桥	湖南益阳	中国	2007	356
永和大桥	广西南宁	中国	2004	338
太平湖大桥	安徽黄山	中国	2004	336
淳安南浦大桥	浙江	中国	2002	308
重庆奉节梅溪河桥	重庆	中国	2001	288

钢筋混凝土拱桥最大跨径排名　　　　　　　　表 2.8

桥　名	桥　址	国　家	建成年份（年）	主跨（m）
沪昆铁路北盘江特大桥	贵州	中国	2016	445
万州长江大桥	重庆万州	中国	1996	420
云桂铁路南盘江特大桥	云南	中国	2016	416
克尔克Ⅱ号桥	克尔克岛	克罗地亚	1980	390
昭化嘉陵江大桥	四川广元	中国	2012	364
大瑞铁路澜沧江特大桥	云南	中国	在建	342
江界河大桥	贵州	中国	1995	330
科罗拉多河桥	布莱克峡谷	美国	2010	320
邕宁邕江大桥	广西	中国	1996	312
格莱德兹维尔拱桥	悉尼	澳大利亚	1964	305

第2章 我国桥梁建设成就和发展趋势

钢斜拉桥最大跨径排名　　　　　　　　　　　　　　　　　　表 2.9

桥　名	桥　址	国　家	建成年份(内)	主跨(m)
俄罗斯岛大桥	符拉迪沃斯托克（海参崴）	俄罗斯	2012	1104
沪通长江大桥	江苏南通	中国	在建	1092
苏通长江大桥	江苏南通	中国	2008	1088
昂船洲大桥	香港	中国	2009	1018
鄂东长江大桥	湖北	中国	2010	926
多多罗大桥	广岛—爱媛	日本	1999	890
诺曼底大桥	勒阿弗尔	法国	1995	856
九江长江公路大桥	江西九江	中国	2013	818
荆岳长江大桥	监利—岳阳	中国	2010	816
第二仁川桥	仁川	韩国	2009	800
厦漳大桥北汊桥	福建厦门—龙海	中国	2013	780

混凝土斜拉桥最大跨径排名　　　　　　　　　　　　　　　　表 2.10

桥　名	桥　址	国　家	建成年份(年)	主跨(m)
斯堪桑德大桥	特隆赫姆海峡	挪威	1991	530
荆州长江大桥	湖北	中国	2002	500
鄂黄长江大桥	湖北	中国	2002	480
忠县长江大桥	重庆	中国	2008	460
宜宾长江大桥	四川	中国	2008	460
长寿长江大桥	重庆	中国	2009	460
大佛寺桥	重庆	中国	2002	450
重庆长江二桥	重庆	中国	1996	444
露娜桥	卡斯蒂利亚	西班牙	1983	440
新白城桥	下龙湾	越南	2004	435

悬索桥最大跨径排名　　　　　　　　　　　　　　　　　　　表 2.11

桥　名	桥　址	国　家	建成年份(年)	主跨(m)
明石海峡大桥	神户	日本	1998	1991
西堠门大桥	舟山群岛	中国	2009	1650

续上表

桥　名	桥　址	国　家	建成年份(年)	主跨(m)
大贝耳特东桥	科瑟	丹麦	1998	1624
李舜臣大桥	全南道	韩国	2012	1545
润扬(南汊)桥	扬江—镇江	中国	2005	1490
南京长江第四大桥	南京	中国	2013	1418
亨伯桥	赫尔河畔金斯顿	英国	1981	1410
江阴大桥	江苏	中国	1999	1385
青马大桥	香港	中国	1997	1377
哈当厄尔大桥	于伦斯旺—于尔维克	挪威	2013	1310

跨海(湾)长桥最大跨径排名　　　　表2.12

桥　名	桥　址	国　家	建成年份(年)	长度(km)
港珠澳大桥	广东伶仃洋	中国	2018	55
青岛海湾大桥	青岛	中国	2011	36.5
杭州湾跨海大桥	杭州湾	中国	2008	36.0
东海大桥	上海—小洋山岛	中国	2005	32.5
金塘大桥	宁波—舟山	中国	2009	26.5
沙特—巴林堤道桥	巴林湾	沙特—巴林	1986	26.0
切萨皮克湾大桥	切萨皮克湾	美国	1973	24.0
槟城桥	槟城	马来西亚	1985	13.5
里约—尼泰罗伊桥	瓜纳巴拉湾	巴西	1974	13.3
联邦大桥	诺森伯兰海峡	加拿大	1997	12.9
仁川桥	仁川	韩国	2009	12.3

　　根据百余年来国内外各类桥梁的跨度统计,可以大致看出世界范围内大跨度桥梁的发展历程,也可以看出我国近20年来大跨度桥梁的发展趋势。

　　图2.2表示的是不同材料、不同结构体系的梁桥的跨度发展情况。从图中可以看出,早在19世纪末期和20世纪初期,英国的福斯铁路桥(悬臂桁梁)和加拿大的魁北克桥(悬臂桁梁)的主跨就已经超过500m,分别达519m和549m。钢桁连续梁的跨度,可以达到400m以上,如日本1991年修建的生月大桥(主跨为400m)和2012年建成的东京京门大桥(主跨440m)。钢箱梁、混凝土梁的跨度,大致维持在300m左右,如1974年巴西修建的里约—尼泰罗伊桥(主跨300m)和2013年我国修建的水盘高速公路北盘江大桥(跨度290m)。总体而言,除悬臂梁结构(现已极少采用)以外,其他类型的梁桥跨度呈稳定状态(国际)或逐渐上升趋势(国内)。因受限于结构体系和材料,梁桥跨度的发展空间比较有限。

第2章 我国桥梁建设成就和发展趋势

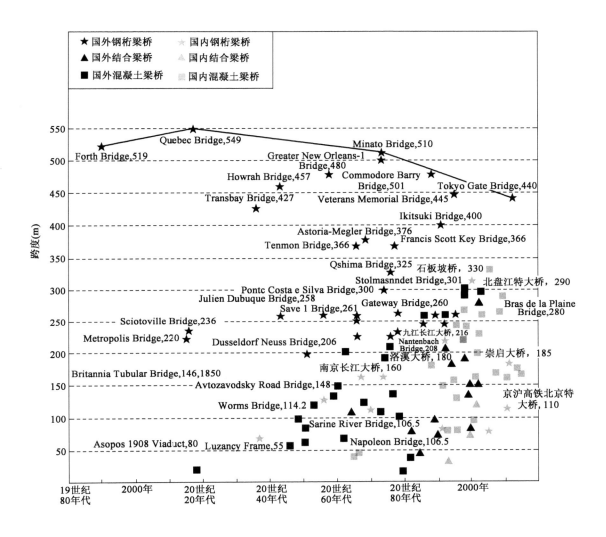

图2.2 梁桥跨度的发展

注：1. 据不完全资料统计。
2. 图中的线条表示不同时期内最大跨度的桥梁连线。

从图2.2和图2.3可以看出，就跨越能力而言，拱桥和梁桥的基本相当。早在20世纪初期，钢拱桥的跨度就接近300m，如美国的鬼门铁路桥（主跨298m）。到20世纪30年代，拱桥跨度就超过500m，如美国的贝永桥、澳大利亚的悉尼港大桥。1977年美国建成新河谷桥，跨度518.2m。2000年，韩国建成主跨540m的傍花大桥，打破了美国新河谷桥保持了23年的世界纪录。2000年前后，我国在各类大跨度拱桥上取得长足进步，相继建成了以上海卢浦大桥（主跨550m）为代表的钢箱提篮拱桥，以重庆朝天门大桥（主跨552m）为代表的钢桁架拱桥，以重庆菜园坝大桥（主跨420m）为代表的钢—混组合式拱桥，以波司登大桥为代表的钢管混凝土拱桥（主跨530m），以沪昆铁路北盘江特大桥（主跨445m）为代表的铁路钢筋混凝土拱桥等。

这些桥梁的跨度均刷新了世界同类桥梁纪录。总体而言,百余年来拱桥跨度有了成倍的增长,今后还有一定的发展空间。

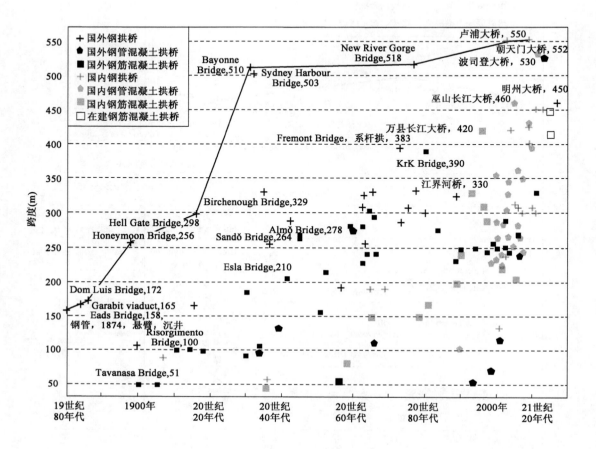

图 2.3 拱桥的跨度发展

斜拉桥是一种典型的、构造相对复杂的组合结构,在 20 世纪 50 年代开始异军突起,已成为继三大类基本桥式(梁桥、拱桥、悬索桥)之后的第四类广泛应用的桥式。斜拉桥的跨度发展参见图 2.4。在 20 世纪 70 年代以前,斜拉桥的跨度大体上在 300m 级别,如德国的塞弗林桥(主跨 302m);在 20 世纪 90 年代之前,跨度跃升至 450m 级别,如加拿大的安纳西斯桥(主跨 465m)。在接下来的 20 余年内,斜拉桥发展迅猛,跨度一再突破世界纪录,达到了千米级别。近 20 年来,我国的斜拉桥建设发展迅速,已跻身世界前列。有代表性的桥梁包括:荆州长江大桥(混凝土梁,主跨 500m)、苏通长江大桥(钢梁,主跨 1088m)、荆岳长江大桥(混合梁,主跨 816m)、武汉二七长江大桥(结合梁,主跨 2×616m)、沪通公铁两用长江大桥(钢桁梁,主跨 1092m,在建)等。

斜拉桥受力合理,形式多样,造型优美,跨越能力仅次于悬索桥。在 60 年的发展历程中,这种桥型的跨度从最初的不足两百米发展到今天的千米以上,体现出强大的生命力。可以预见,随着材料、体系、构造的进步或创新,斜拉桥还会继续向更大跨度发展。

第2章 我国桥梁建设成就和发展趋势

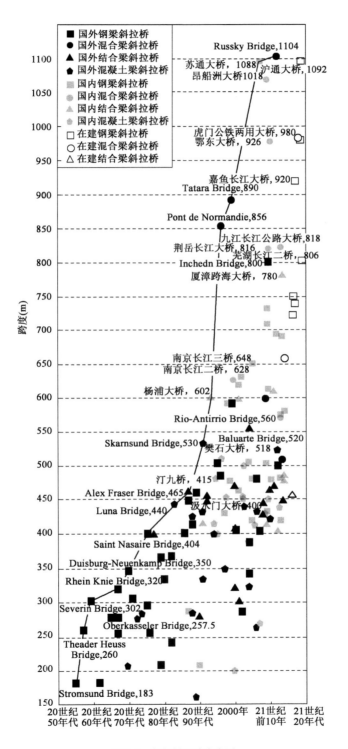

图2.4 斜拉桥的跨度发展

百余年来悬索桥的跨度发展经历了翻天覆地的变化,见图2.5。在1900年前后,悬索桥的跨度维持在500m左右;到20世纪30年代,跨度增长了一倍,突破了千米大关(美国乔治华盛顿桥,主跨1067m);到20世纪80年代,跨度逐渐增长到1400m级别(如英国亨伯桥,主跨1410m);在20世纪末期,跨度猛然突进到2000m附近(如丹麦大贝耳特东桥,主跨1624m;日本明石海峡大桥,主跨1991m)。自20世纪90年代起,我国的悬索桥建设开始迅猛发展。1995年建成的汕头海湾大桥(主跨452m),被誉为我国首座大跨度现代悬索桥;1997年建成的香港青马大桥(主跨1377m),是我国第一座跨度突破千米的悬索桥;2009年建成的舟山西堠门大桥(主跨1650m),是目前跨度位居世界第二的悬索桥;在建武汉杨泗港大桥(主跨1700m),建成后将成为国内最大跨度悬索桥。

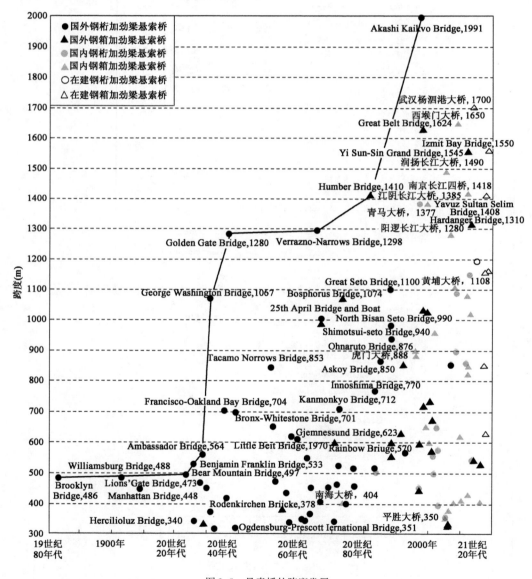

图2.5　悬索桥的跨度发展

同其他桥型相比,跨度越大,悬索桥的优势越明显。这些优势表现在:加劲梁截面积并不需要随着跨度的增加而增加,主要承重构件(缆、锚碇和塔)在增加承载能力方面所遇到的困难较小,缆具有非常合理的受力形式,施工风险较小等。因此,可以预见,悬索桥的跨度还有非常大的发展空间。

2.1.2 我国铁路桥梁建设现状

截至2017年末全国铁路营业里程达到12.7万km,比上年增长2.4%,其中高铁营业里程2.5万km。全国铁路路网密度132.2km/万km²,增加3.0km/万km²。铁路营业里程中,复线里程7.2万km,比上年增长5.4%;电气化里程8.7万km,增长7.8%。2013—2017年全国铁路营业里程,见图2.6。

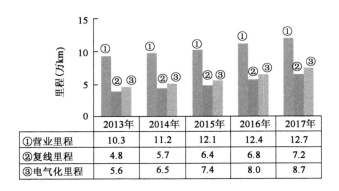

图2.6 2013—2017年全国铁路营业里程

根据《中长期铁路网规划(2008年调整)》,到2020年,全国铁路营业里程将达到12万km以上,复线率和电化率分别达到50%和60%以上,主要繁忙干线实现客货分线,基本形成布局合理、结构清晰、功能完善、衔接顺畅的铁路网络,运输能力满足国民经济和社会发展需要,主要技术装备达到或接近国际先进水平,为区域政治、经济、文化交流、军事部署及调度提供有力支撑。

为满足快速增长的旅客运输需求,建立省会城市及大中城市间的快速客运通道,我国已规划建设"四纵四横"客运专线,客车速度目标值达到每小时200km以上,建设客运专线1.6万km以上。

四纵为:

京沪高速铁路:北京经天津、南京至上海,另有蚌埠至合肥的合蚌客运专线之支线,全长约1318km。

京港高速铁路:北京经武汉、广州至香港,由京石客运专线、石武客运专线、武广客运专线、广深港客运专线组成,全长2440km。

京哈高速铁路:北京经承德至哈尔滨,由京沈客运专线、哈大客运专线、盘营客运专线组成,全长约1700km。

杭福深客运专线(东南沿海客运专线):杭州经宁波、温州至深圳,由杭甬客运专线、甬台温铁路、温福铁路、福厦铁路及厦深铁路组成,全长约1600km。

四横为:

徐兰客运专线:徐州经郑州、西安至兰州,由郑徐客运专线、郑西客运专线、西宝客运专线、宝兰客运专线组成,全长约1400km。

沪昆高速铁路:上海经杭州、长沙至昆明,由沪杭客运专线、杭长客运专线、长昆客运专线组成,全长2080km。

青太客运专线:青岛经济南、石家庄至太原。由胶济客运专线、石济客运专线及石太客运专线组成,全长约770km。

沪汉蓉高速铁路:上海经武汉、重庆至成都,由合宁铁路、合武铁路、渝利铁路、遂渝铁路和达成铁路成都至遂宁段构成,全长约1600km。

目前,四纵四横已基本完成。我国高速铁路长桥、高架桥、大跨度桥梁众多,桥梁所占线路比例50%以上,我国部分已建成高速铁路桥梁工程概况统计如表2.13所示。

我国部分已建设高速铁路桥梁工程概况统计表(截至2014年)　　　表2.13

顺序	项目名称		全长(km)	桥梁(km)	桥梁比例(%)	设计速度(km/h)
1		京沪高铁	1318	1059	80.35	380
2	京广客专	京石客专	283.7	216.37	77	350
3		石武客专	843.3	641.95	76.12	350
4		武广客专	968	411	41.24	350
5		广深港客专	102.45	59.2	56.7	250(350)
6	京哈客专	京沈客专	697.6	318.1	45.6	350
7		哈大客专	904	663.3	73.7	200(350)
8		盘营客专	89.42	73.29	81.96	350
9	杭福深客专	杭甬客专	149.89	122.87	81.97	350
10		甬台温高铁	282.39	104.5	37	250
11		温福高铁	298.4	75	25	250
12		福夏高铁	274.9	72.03	24.09	250
13		厦深高铁	502.4	204.14	40.6	250
14	徐兰客专	郑徐客专	361.94	264.2	73	350
15		郑西客专	484.5	206.8	42.7	350
16		西宝客专	148.15	119.06	80.4	250
17		宝兰客专	400.57	106.7	26.6	250
18	沪昆客专	沪杭客专	160	139.2	87	350
19		杭长客专	883	625.11	67	350
20		长昆客专	1175	302.797	25.93	350
21	青太客专	胶济客专	362.5	55.07	15.2	250
22		石济客专	323.112	283	87.6	250
23		石太客专	225	50.7	50.7	250

续上表

顺序	项目名称		全长(km)	桥梁(km)	桥梁比例(%)	设计速度(km/h)
24	沪汉蓉客专	沪宁城际	301	195.3	64.9	300
25		合宁客专	166	50.4	30.4	200
26		合武客专	359.4	141.7	39.4	250
27		汉宜高铁	292	153.7	52.6	250
28		宜万铁路	377	68.5	18.2	200
29		渝利铁路	244.3	56.9	23.3	200
30		遂渝铁路二线	131.12	33.3	25.4	200
31		遂成铁路	146	40.7	27.9	200
32	京津城际		116.9	100.171	85	350
33	津秦客专		257.4	154.9	62.3	350
34	成灌城际铁路		67	47.6	71.0	200
35	昌九城际铁路		91.5	59.5	65.0	250
36	长吉城际铁路		112.5	34.4	30.6	200
37	海南东环铁路		308.1	102.98	33.4	200
38	广珠城际铁路		177.3	105.9	59.7	200
39	宁杭铁路客专		248.963	156.8	63	350
40	秦沈客专		404	59.96	14.84	200
41	武黄城际铁路		96.78	60.4	69.2	200
42	武汉至孝感城际铁路		61.263	49.2	80.6	200
43	武咸城际铁路		77	33.1	43	300
44	武黄城际铁路		66	44.2	67	200
45	郑焦城际铁路		77	45.43	0.59	250
46	郑开城际铁路		49.973	47.533	96.4	200
47	宁安城际		257.48	159.31	61.87	350
48	青荣城际铁路		298.971	164.696	55.09	250
49	佛肇城际铁路		79.88	71.082	88.985	200
50	东莞至惠州城际铁路		99.851	40.176	40.24	200
51	长沙至株洲、湘潭城际		95.513	53.59	54.02	200
52	合蚌客专		129.34	57.538	44.49	300
53	合福客专		806.27	673.285	83.5	350
54	哈齐客专		280.89	140.45	50	300
55	京津城际延伸线		44.815	26	60	200
56	天津至保定铁路		157.94	103.29	65.4	250
57	宁杭客专		248.96	158.41	63.63	350
58	成都至绵阳至乐山客专		315.87	151.85	48	250

续上表

顺序	项目名称		全长(km)	桥梁(km)	桥梁比例(%)	设计速度(km/h)
59	柳州至南宁客专		226.569	58.246	25.71	200
60	南黎铁路		93.493	38.529	41.21	250
61	大西客专		678.4	485.647	71.6	200
62	南广铁路		577.768	180.1	31.2	250
63	云桂铁路广西段		255.3	94.77	37.12	250
64	云桂铁路云南段		431.183	308.14	71(桥隧)	200
65	贵阳至广州铁路		861.7	210	24.37	250
66	兰新二线甘青段		1066.005	295.113	27.68	300
67	兰新二线新疆段		709.93	124	17.5	350
68	沈丹客专		205.644	67.287	32.51	350
69	成都至重庆铁路客专		308.206	207.633	67.37	350
70	吉林至珲春客运专线		360.547	90.698	25.1	250
71	成都至都江堰彭州支线		21.2	21.1	99	200
72	"五纵"	京哈铁路	1249	74.2	5.94	普通铁路(统计数据不含框构)
73		京九铁路	2553	21.76	0.85	
74		京广铁路	2324	21.65	0.93	
75		焦柳铁路	1639	4.54	0.28	
76		宝成铁路	669	28	4.19	
77		成昆铁路	1096	92.7	8.46	
78	"三横"	京包铁路	808	14.35	1.78	
79		包兰铁路	990	7.93	0.80	
80		陇海铁路	1759	21.45	1.22	
81		兰新铁路	1622	52.25	3.22	
82		沪昆铁路	2690	139.82	5.20	

高速铁路桥梁基本结构形式主要有以下三种:

(1)预应力混凝土简支箱梁桥:简支梁跨度一般不宜超过50m。常用跨度桥梁以等跨布置的32m双线整孔预应力混凝土简支箱梁为主型结构,少量配跨采用24m简支箱梁。施工方法主要采用沿线设置预制梁厂进行箱梁预制,运梁车、架桥机运输架设。部分采用移动模架、膺架法桥位灌筑。我国新建高速铁路桥梁中90%以上为32m预应力混凝土简支箱梁结构。

(2)预应力混凝土连续箱梁桥:跨越公路、站场、河流等区域的跨度较大的桥梁主要采用预应力混凝土连续箱梁。根据结构跨度布置、类型和工期要求,多采用悬臂、膺架法施工。其常用的跨度主要有:(32+48+32)m、(40+56+40)m、(40+60+40)m、(40+64+40)m、(48+80+48)m、(60+100+60)、(80+128+80)m。

(3)其他大跨度及特殊桥梁结构:预应力混凝土连续刚构、各种拱结构、斜拉桥及梁—拱组合结构等。如:武广高速铁路武汉天兴洲大桥,主桥采用(98+196+504+196+98)m的双塔三索面斜拉桥,全长1092m。郑州黄河特大桥:桥梁全长1680m,为公铁两用桥。主桥设计为:(120+5×168+120-5×120)m六塔单索面部分斜拉连续钢桁结合梁。广珠容桂水道特大桥:桥梁全长8.555 km,主跨为(108+2×185+115)m双线连续刚构。京沪高速铁路南京大胜关长江大桥:主桥采用(108+192+336+336+192+108)m六跨连续钢桁拱桥。南钦铁路三岸邕江大桥:桥梁全长2662.44 m,主跨为(132+276+132)m中承式连续钢桁拱。合福铁路南淝河特大桥:桥梁全长20.45 km,主跨为(90+180+90)m连续梁拱桥。厦深铁路榕江特大桥:桥梁全长7373.92 m,主跨为(110+2×220+110)m钢桁梁柔性拱。正在建设的沪通长江大桥:位于长江下游澄通河段南通水道进口段,大桥采用两塔五跨斜拉桥方案,其中主跨1092m,建成后将成为世界上最大跨度的公铁两用斜拉桥。

我国地形复杂、河流众多、海岸线漫长,使得茫茫公路线和铁路线上分布着许许多多的桥梁,在这些公路和铁路桥梁中,由于桥梁跨越的地区地质地形条件复杂,有较大比例的复杂大跨桥梁,如表2.14所示。

国内最大跨度高速铁路桥梁 表2.14

桥型	桥 名	主跨(m)	建成(年)	桥型	桥 名	主跨(m)	建成(年)
高铁斜拉桥	武汉天兴洲大桥	504	2009	高铁拱式桥	南京大胜关大桥	336	2010
	郑州黄河大桥	168	2010		跨环城高速大桥	242	2009
	赣江特大桥	300	2018		北盘江特大桥	445	2015
高铁梁式桥	流溪河特大桥	168	2009		南盘江特大桥	416	2016

表2.15~表2.20为历年来铁路大跨度钢桁梁桥、大跨度拱桥、大跨度斜拉桥和特殊结构桥、大跨度混凝土连续梁桥、钢混结合梁桥、大跨度简支梁桥一览表。

大跨度钢桁梁桥(部分) 表2.15

线路名称	桥 名	主桥孔跨布置(m)	建成(年)	备注
大准线	黄河特大桥	96+132+96	1992	
浙赣线	尖山浦阳江大桥	128	1992	
京九线	孙口黄河特大桥	4×180	1992	
滨洲线	富拉尔基特大桥	3×64	1995	简支
京九线	九江长江大桥	180+216+180	1995	钢桁梁柔性拱
湘黔线	渠江大桥	2×80	1996	
京九线	吉安赣江特大桥	64×96+64	1996	
京包线	妫水河特大桥	4×128	1997	简支
新荷线	长东黄河特大桥	9×96+4×108+3×108	1998	
新长线	江阴轮渡栈桥	5×48	2001	随水位变动
绥佳线	佳木斯松花江特大桥	96+2×128+96	2002	
荷日线	兖北特大桥	64	2002	
渝怀线	长寿长江大桥	144+2×192+144	2003	
宁启线	京杭运河特大桥	112	2004	
朔黄线	南运河特大桥	64	1999	

续上表

线路名称	桥 名	主桥孔跨布置(m)	建成(年)	备注
津浦铁路	泺口黄河铁路大桥	8×91.5+128.1+164.7+128.1+91.5	1912	
兰新铁路	黄河大桥	278.4	1955	
黄韩侯路	新黄河特大桥	156	2013	

大跨度拱桥 表2.16

线路名称	桥 名	桥跨式样(m)	建成(年)	备注
北京铁路西站	丰台路立交桥	16+36+16	1995	尼尔森体系
西康线	豁口特大桥	42	1998	双线下承
铜陵专用线	天桥路立交桥	50	2000	单线下承
水柏线	北盘江大桥	236	2001	上承钢管拱
赣龙线	吊钟岩大桥	140	2003	上承
宣杭线	东苕溪特大桥	112	2007	拱篮式下承拱
青藏线	拉萨河特大桥	36+72+108+72+36	2005	钢管混凝土拱 连续梁组合体系
宜万线	万洲长江大桥	168+360+168	2005	钢桁拱
广深港铁路	骝岗涌大桥	主跨160	2010	预应力混凝土连续梁与钢管拱组合结构
京沪高铁	镇江京杭运河特大桥	90+180+90	2010	预应力混凝土连续梁与钢管拱组合结构
哈大线	新开河特大桥	136	2012	钢箱叠拱桥
南广铁路	西江特大桥	主跨450	2012	中承式铁路钢提篮拱桥
武广高铁	汀泗河特大桥	140	2010	下承式钢箱系杆拱
沪昆高铁	北盘江特大桥	主跨445	2014	上承式劲性骨架钢筋混凝土拱桥
云桂铁路	南盘江特大桥	主跨416	2014	上承式劲性骨架钢筋混凝土拱桥

大跨度斜拉桥和特殊结构桥 表2.17

线路名称	桥 名	桥跨式样(m)	建成(年)	备注
京九线	卫运河特大桥	32.5+65+32.5	1993	斜拉式预应力混凝土连续桁架
西长线	衙门口特大桥	2×24	1996	连续3跨梁
杭州枢纽	大寨港1号桥	1×40	1996	无砟3跨梁
大秦线	大里营特大桥	50+41.5	1997	槽形梁斜拉桥转体施工
哈大线	鞍钢桥	16.98	1999	预弯3跨梁
芜湖枢纽	芜湖长江大桥	180+312+180	1997	斜拉加筋钢桁梁
京广高速铁路 沪汉蓉客运专线	天兴洲长江大桥	98+196+504+196+98	2008	双塔三索面公铁两用板桁结合钢桁梁斜拉桥
宁波铁路枢纽	甬江特大桥	468	2011	钢箱混合梁铁路斜拉桥
渝利铁路	韩家沱长江特大桥	432	2011	双塔双索面钢桁梁双线斜拉桥
宁安城际铁路	安庆长江大桥	1363	2012	双塔三桁三索面六跨连续非对称钢桁梁斜拉桥
上海至南通	沪通长江大桥	168+462+1092+462+168	在建	五跨双塔连续钢桁斜拉桥

大跨度混凝土连续梁桥

表 2.18

线路名称	桥名	桥跨式样（m）	建成（年）	备注
南防线	茅岭江大桥	48.5＋80＋48.5	1983	
衡广复线	白面石武水大桥	32＋64＋32	1987	
浙赣线	钱塘江二桥	48×65＋14×80＋65＋45	1988	
侯月线	海子沟大桥	63＋2×84＋63	1992	
广梅汕线	东江特大桥	40＋4×64＋40	1992	
宝中线	中卫黄河特大桥	7×48	1993	顶推施工
神朔线	神朔黄河特大桥	48＋8×80＋48	1993	
西延线	狄家河特大桥	4×40	1993	顶推施工
石长线	沅江公铁特大桥	62＋5×96＋62	1993	
京九线	泰河赣江大桥	50＋4×80＋50	1994	
广深准高速	石龙大桥	40＋3×72＋40	1994	
石长线	湘江特大桥	61＋7×96＋61	1994	造桥机施工
湘黔线	湘江特大桥	42＋10×75＋42	1994	
京九线	贡水赣江特大桥	40＋3×72＋40	1995	
京九线	黄沙尾特大桥	40＋3×72＋40	1995	
石长线	澧水特大桥	40＋4×72＋40	1995	
南昆线	八渡南盘江特大桥	54＋2×90＋54	1996	V形支撑连续梁
石长线	资水特大桥	50＋4×80＋50	1996	
湘黔线	湘江大桥	42＋10×75＋42	1996	
广大线	普棚大桥	50＋92＋50	1997	
包三复线	三道坎黄河大桥	64＋104＋64	1999	
朔黄线	滴流澄溪渡河特大桥	50＋80＋50	1999	
朔黄线	庄里澄溪渡河特大桥	40＋3×80＋40	1999	
朔黄线	红山崖溪渡河特大桥	50＋80＋50	1999	
达万线	州河大桥	48＋80＋48	2000	
株六复线	响琴峡大桥	40＋64＋40	2001	先简支后连续
株六复线	箭杆河大桥	40＋64＋40	2001	
内昆线	花土坡大桥	64＋2×104＋64	2001	
长荆线	钟祥汉江特大桥	60＋3×100＋60	2001	
秦沈客专	跨102国道2号特大桥	32＋48＋32	2001	
秦沈客专	跨阜锦公路特大桥	48＋80＋48	2001	
秦沈客专	跨锦娘公路特大桥	40＋64＋40	2001	
秦沈客专	跨兴阎公路特大桥	40＋64＋40	2001	
秦沈客专	柳树屯特大桥	40＋64＋40	2001	
京九线	东江特大桥	40＋4×64＋40	2002	
南宁枢纽	邕江大桥	64＋96＋64	2002	
渝怀线	阿蓬江大桥	40＋64＋40	2003	
南仓东流解	南仓特大桥	62＋72＋62＋40	2003	

钢 混 结 合 梁 桥　　　　　　　　　　　表2.19

线路名称	桥　名	桥跨式样(m)	建成(年)	备　注
西康线	落马寨特大桥	4×48	1998	单线、简支
秦沈客运专线	丁香特大桥	40+50+40	2001	
秦沈客运专线	东高力污中桥	24+32+24	2001	全焊
秦沈客运专线	东李金屯大桥	24+32+24	2001	全焊
秦沈客运专线	卡力马3号大桥	24+2×32+24	2001	全焊
秦沈客运专线	跨102国道1号大桥	32+40+32	2001	
秦沈客运专线	跨305国道大桥	40+50+40	2001	
秦沈客运专线	跨锦大公路大桥	32+40+32	2001	
秦沈客运专线	跨辽江公路中桥	24+32+24	2001	
秦沈客运专线	跨潘乌公路中桥	40+50+40	2001	
秦沈客运专线	跨沈环线大桥	24+32+24	2001	
秦沈客运专线	跨沈山石路大桥	32+40+32	2001	
秦沈客运专线	跨老绕阳河大桥	24×2×32+24	2001	
京沪高铁	大胜关长江大桥	109+192+2×336+192+109	2009	下承式系杆梁桥
平西铁路	后河村特大桥	80	2011	钢混凝土桁梁

大跨度简支梁桥　　　　　　　　　　　表2.20

线路名称	桥　名	桥跨式样(m)	建成(年)	备　注
焦枝线	洛阳黄河特大桥	51孔50m	1992.5	
灵武支线	灵武黄河桥	10孔48m	1994	
南昆线	打埂大桥	4孔56m	1996	
南昆线	白水河1号大桥	8孔56m	1996	
包三复线	三盛公黄河桥	12孔54m	1998	
株六线	南山河大桥	4孔64m	2001	
内昆线	老煤洞大桥	5孔64m	2001	
神延线	秃尾河大桥	11孔64m	2002	
渝怀线	细沙河大桥	4孔64m	2003	
渝怀线	锦和锦江大桥	7孔64m	2003	
南昆线	清水河大桥	72+128+72	1996	
南昆线	板其2号大桥	44+72+44	1996	
南昆线	喜旧溪大桥	56+88+56	1996	
南昆线	天生桥2号大桥	56+88+56	1996	
黎钦线	飞龙郁江大桥	62+2×100+62	1998	
成都枢纽	机场路立交大桥	20+33+20	1998	Y型刚构
成都枢纽	土桥立交桥	20+33+20	1998	Y型刚构

续上表

线路名称	桥 名	桥跨式样(m)	建成(年)	备 注
内昆线	李子沟特大桥	72+3×128+72	2001	刚构连续梁组合结构
内昆线	乌家坪1号大桥	56+88+56	2000	
长荆线	汤永中桥	26	2001	斜腿刚构
秦沈客运线	跨102国道3号大桥	16+3×24+16	2001	刚构连续梁
重庆枢纽	井口嘉陵江大桥	84+144+84	2003	双线
渝怀线	涪陵乌江大桥	66+128+66	2003	双线
渝怀线	黄草乌江大桥	96+168+96	2003	双线
渝怀线	下塘口乌江大桥	72+128+72	2003	双线
南仓东硫解线	南仓特大桥	38+62+38	2003	刚构连续梁

2.1.3 我国公路深水桥梁建设现状

我国是一个水域和海域宽广的国家,包含了海河、辽河、黄河、淮河、松花江、长江、珠江七大江河,鄱阳湖、洞庭湖、太湖、洪泽湖、巢湖五大淡水湖以及南海、东海、渤海三大海域。随着我国交通网络建设的完善,越来越多的跨河桥梁修建完工。然而,对于跨河桥结构设施而言,多数桥梁结构的桥墩及基础淹没于水流中,即大部分的桥梁都属于深水桥梁类型,如长江南京三桥、长江三峡库区的奉节长江公路大桥、杭州湾跨海大桥和港珠澳大桥等。大跨桥梁往往建造于深水环境,需要建造处于深水中的桥墩和基础。随着世界经济一体化进程的加速,各大洲之间、国家之间、陆地与岛屿之间的联系得到进一步加强,这也促进了交通基础设施的发展。为了跨越宽阔的水面,桥梁朝着大跨度发展的同时,会出现越来越多的深水桥梁。

根据深水桥梁建设的水域特点,深水桥梁主要分为三类:第一类是修建在江河下游水深较大处的桥梁。如我国的江阴长江大桥、长江南京三桥(最大水深46m)、苏通公路大桥(桥墩最大淹没水深78m)等。第二类是位于巨型电站库区内的桥梁,在西部山区这种情况尤其较多,例如奉节长江公路大桥(当三峡水库蓄水后,其主墩水深接近100m)、沸街渡大桥(水库蓄水后桥墩入水深度深达168m)等。第三类是跨海大桥,作为跨海工程的关键区段,跨海桥梁一般都会处于较深的海水中,如我国已建和拟建的五个大型跨海工程项目(渤海海峡跨海工程、长江口越江工程、杭州湾跨海工程、伶仃洋跨海工程、琼州海峡跨海工程),水深都在70m以上,见表2.21。

五个大型跨海工程 表2.21

序号	工程名称	起始位置	全长(km)	水深(m)
1	渤海海峡跨海工程	大连—烟台	165	20~80
2	长江口越江工程	崇明三岛—浦东新区	25	10~20
3	杭州湾跨海工程	上海—宁波—舟山	约50	10~20
4	伶仃洋跨海工程	香港—珠海—澳门	约50	10~20
5	琼州海峡跨海工程	广东—海南	约30	60~100

随着经济的发展和深水桥梁建设技术的不断成熟,国内外将出现越来越多的大跨深水桥梁。修建跨海(湾、峡)桥是促使桥梁向大跨度发展的重要因素之一,也必然会面临深水环境的挑战。印度尼西亚拟在巽他海峡修建27km长的跨海大桥,采用跨度约3000m的悬索桥跨越主航道。挪威计划在斯图尔峡湾建造跨度2300m的悬索桥。日本筹划修建的第二国土轴工程(太平洋沿岸高速公路)包括六个跨海峡桥梁工程,其中跨越纪淡海峡的大桥跨度在2500~3000m,而跨越丰予海峡及津轻海峡的悬索桥方案的跨度在3000m以上,基础水深200~250m。马六甲海峡通道的最新方案是全长48.7km的跨海大桥,包括一座跨度2600m的悬索桥。在我国,21世纪的桥梁工程将有更大规模的发展,需要修建一系列跨海工程和连岛工程。根据国道主干线系统布局规划,还需要修建跨越渤海湾(最大水深80m左右)、琼州海峡(最大水深110m左右)等的大规模跨海通道。除此之外,台湾海峡作为我国三大海峡之一,宽140~250km,最大水深约80m,也是今后需要跨越的障碍。

图2.7所示为1940年以来国内外部分深水桥梁的数据。从最大施工水深的数据来看,桥梁面临的深水挑战会越来越严峻。

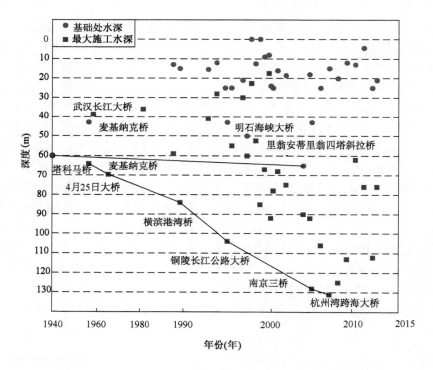

图2.7 桥梁水深情况

重要的大跨度桥梁是陆地交通网络中的咽喉要道。一旦这些长大桥梁出现安全问题,不仅会直接导致重大的生命财产损失,破坏当地社会生活的正常运行,还会间接制约桥梁所在区域内的经济发展,造成恶劣的政治后果。因此,如何从国家宏观战略层面进一步完善重大桥梁结构安全的管理框架,从工程领域战术层面全面构建出桥梁科技发展与工程应用的安全技术体系,就成为亟需解决的重大难题。

2.2 我国桥梁发展趋势

交通运输是国民经济中基础性、先导性、战略性产业,是重要的服务性行业。构建现代综合交通运输体系,是适应把握引领经济发展新常态,推进供给侧结构性改革,推动国家重大战略实施,支撑全面建成小康社会的客观要求。桥梁是交通运输行业产业的重要组成部分。

根据《"十三五"现代综合交通运输体系发展规划》,到 2020 年,我国公路网总规模将达到 500 万 km 以上,其中高速公路 15 万 km 左右。为适应公路建设的需要,我国道路桥梁建设将进入持续、稳定的发展时期。到 2020 年,预计我国还将兴建大中小桥梁约 20 万座,总长度超过 1 万 km,其中大跨径桥梁也将超过百座。

对于铁路桥梁,预计到 2020 年,我国铁路网规模达到 15 万 km,其中高速铁路 3 万 km,覆盖 80%以上的大城市;到 2025 年,铁路网规模达到 17.5 万 km 左右,其中高速铁路 3.8 万 km 左右。高速铁路由于曲线半径大、坡度小,并需要全封闭行车,铁路桥梁的运用有利于节约利用土地,避免破坏路面生态,因此高速铁路设计中桥梁比例大,高架长桥多。由于今后发展高速铁路桥线率不断提升,按 80%桥线率来计算,至少还需要修建 1 万 km 以上的铁路桥梁。

线路等级的提高以及西部山区自然地理环境的影响,会导致桥梁所占线路长度比例的提高,也会需要修建较多的大跨、高墩、深水桥梁。这些线路上有许多关键性控制工程是跨越江河、峡谷和海峡的大型桥梁,如琼州海峡通道、渤海湾海峡通道等等。这些重大桥梁工程的建设,不仅会给设计和施工带来技术挑战,也会给桥梁的安全保障带来诸多新的课题。

2.3 小　　结

近三十年来,我国在桥梁建设方面取得了长足的进步,已经是名副其实的桥梁大国。中国桥梁已走出了一条自主建设和创新发展的成功道路,取得了一批自主创新成果,建成了一大批具有国际影响力的特大型桥梁,赢得了国际桥梁界的尊重和认可,为未来发展成为世界桥梁强国奠定了坚实的基础。伴随着大跨径桥梁建设的快速发展,我国在桥梁标准规范、计算理论、模型试验、材料科学、施工工艺、施工设备、施工控制、检测技术等方面取得了长足进步,总体上正朝着桥梁强国迈进。

第 3 章 影响桥梁安全的因素与安全事故案例

桥梁事故是指桥梁在施工或运营过程中,因人为失误或自然灾害导致的结构整体(或局部)垮塌或损坏、人员伤亡、施工设备毁坏等。按照时段,桥梁事故可分为施工事故和运营事故,桥梁施工事故会造成竣工推迟,造价提高,人员伤亡;桥梁运营事故会造成人员伤亡,交通中断,修复困难。按照原因,桥梁事故可分为因人为失误以及因自然灾害造成的事故两大类,人为因素包括因当时对事故隐患缺乏足够认识、管理不善、工作失误、养修欠缺等;自然因素包括地震灾害、风灾、洪水灾害,地质灾害(泥石流、滑坡、崩塌、落石等),气象灾害和次生衍生灾害等。人为失误造成的桥梁事故可以通过技术进步、科学决策等方法减少;因科技发展的局限性,还无法消除自然灾害的影响,但是通过相关研究,可以最大限度地减轻对桥梁的影响。本章通过统计分析影响桥梁安全的因素与安全事故案例,为提出桥梁安全保障措施提供技术支撑。

3.1 影响桥梁安全的自然因素和案例分析

3.1.1 地震

1)地震灾害对桥梁的影响

地震灾害是指由地震引起的强烈地面振动及伴生的地面裂缝和变形,使各类建(构)筑物倒塌和损坏,设备和设施损坏,交通、通信中断和其他生命线工程设施等被破坏,以及由此引起的火灾、爆炸、瘟疫、有毒物质泄漏、放射性污染、场地破坏等造成人畜伤亡和财产损失的灾害。我国青藏高原毗连的西部山区是我国地震活动最强烈、大地震频发的重灾区域。2008年,我国"5·12"汶川8.0级特大地震造成21条高速公路,15条国省干线公路,2756条农村公路的桥梁、隧道、路基、路面、边坡、挡墙等结构物受损,受损里程达2.2万km,受损桥梁2900多座(15.2万延米)。

地震灾害长期威胁着人类的生命与财产安全。统计表明,全世界平均每年发生18次破坏性强烈的地震,约有一万人死于地震造成的各种灾害;地震灾害造成的经济损失及用于地震救灾的费用每年多达数十亿美元。每次大地震都会给人类造成触目惊心的损失,我国是个地震多发且历史震害惨重的国家。在20世纪,6级以上地震在我国共发生近800次,遍布除贵州、浙江两省和香港以外的所有地区,造成的死亡人数达55万人之多,占同期全世界地震死亡人数的53%。中国陆地面积只占全球的7%,但发生的陆地强震却占了全球的33%。21世纪以来,我国发生了多起大地震,造成了巨大的生命和财产损失。特别是汶川大地震和玉树地震影响之广、损失之惨重,让国人为之震惊。

在过去发生的地震中,例如1976年中国唐山地震、1971年美国San Fernando地震、1995

年的日本阪神地震、2008年的四川汶川地震以及2010年的青海玉树地震中，都有大量的桥梁遭到了严重破坏。由于强震造成了桥梁的严重破坏，切断了地震灾区的交通生命线，导致救灾工作难以开展，错失了地震后的最佳救援期，从而加重了人民的生命和财产损失。如1995年的日本阪神大地震严重破坏了交通设施，导致救灾车队无法抵达地震现场，致使无数人因错过了最佳抢救时间而失去生命。从汶川大地震的救灾过程可以看出，交通设施的破坏严重制约了震后的紧急救援工作，地震一度引起大量重灾乡镇的交通中断，致使救援人员迟迟不能进入映秀、北川等极重灾区，加重了地震造成的损失。因此，保障桥梁等交通设施的畅通对抗震减灾意义非凡。

桥梁结构是跨越深谷、河流及障碍物的交通基础设施，对于维护交通畅通有着至关重要的作用，一旦损毁，就极难修复，由此会极大影响震后救援的效率。近年来，随着我国社会与经济的快速发展，我国公路和铁路建设都获得了长足的进步，兴建了众多桥梁。这些桥梁结构对于维持我国交通畅通、保证我国稳定发展具有极其重要的意义。中国地处世界两大地震带即环太平洋地震带与欧亚地震带之间，大部分地区为地震区，特别是华北地区和西部地区多为强震区，地震活动频繁。桥梁是交通生命线的枢纽工程，其建设成本高，一旦遭到地震破坏，将会导致巨大的经济损失，且震后修复极其困难。随着我国"一带一路"倡议的实施，我国将继续涌现大量桥梁结构，桥梁结构所面临的地震威胁进一步增大，因此提高我国桥梁结构应对地震灾害的能力显得极为紧迫。

2）桥梁在地震中的事故案例

地震灾害是人类所面临的主要自然灾害之一，至今尚不能科学地定量、定时和定点预测。对桥梁而言，地震带来的破坏，无论从数量上，还是从程度上，都大大超过其他自然灾害的作用。一旦地震发生，造成桥梁结构的损坏甚至倒塌，不但会直接影响交通的正常运营，而且经常引发次生灾害（影响抗震救灾工作的进行等），从而加剧地震灾害的严重性。

1995年1月17日，以神户为中心的日本近酷地区发生里氏7.2级地震（图3.1）。阪神大地震是一个直接发生在现代化大都市下方的大地震，震源又浅，即为所谓的"都市直下型地震"。它不可避免地要造成城市建筑、构筑物的大量倒塌毁坏和人员伤亡，并进一步引发火灾等次生灾害。城市交通、通信、供电、供气、供水等生命线工程的破坏造成城市功能的丧失或瘫痪，生产、金融、商业等活动的停滞引起灾害的连锁放大反应，地震共造成6434人死亡、10683人重伤。

纵观国内外发生的大地震，桥梁震害主要表现为下部结构的断裂和损伤，并因此造成上部结构的损坏和倾覆。上部结构的震害大致有自身震害、移位震害和碰撞震害，其中移位震害在破坏性地震中较为常见，这种震害主要表现为桥梁上部结构的纵向移位、横向移位以及扭转移位。落梁时如果撞击桥墩，也给下部结构带来很大的破坏。

2008年5月12日的汶川地震，使灾区桥梁经受了严峻的考验。据不完全统计，地震灾区的桥梁总数为6100余座。在国省干线公路上，地震导致的受损桥梁就达到670座。高烈度区的绝大部分桥梁受到了不同程度的损伤，但大部分桥梁受损不严重（结构移位、桥面破损、墩台混凝土开裂等），少量桥梁破坏较严重（落梁、被掩埋等），数十座桥梁发生整体倒塌（图3.2～图3.4）。

地震对桥梁安全带来了极大的威胁，桥梁抗震也是经久不衰的研究课题。基于现场调查，汶川地震的主要震害类型如图3.5所示。

图3.1 阪神大地震公路桥梁破坏图

图3.2 汶川地震南坝大桥垮塌

图3.3 地震造成的桥梁事故

图3.4 汶川地震造成桥梁垮塌事故

a) 二号桥:砌体桥台错动破坏

b) 寿江大桥:混凝土桥台破损

c) 马尾桥:桥头搭板断裂下陷

d) 马尾桥:横向挡块破坏

e) 百花大桥:第五联墩断梁垮

f) 回澜立交桥:桥墩压溃

g) 回澜立交桥:盆式橡胶支座严重错移

h) 庙子坪大桥:一孔落梁

图 3.5 汶川地震造成的桥梁震害

3.1.2 地质灾害

1）地质灾害对桥梁的影响

因科技发展的局限性,还无法消除自然灾害的影响,许多地区地质灾害频发,崩塌、滑坡、泥石流,以及带来的次生灾害给桥梁的安全带来了很大的影响。我国是世界上泥石流最多的国家之一,在西南、西北及华北等山区广泛分布。

崩塌,是较陡斜坡上的岩土体在重力作用下突然脱离母体崩落、滚动、堆积在坡脚(或沟谷)的地质现象。产生在土体中者称土崩,产生在岩体中者称岩崩。规模巨大、涉及山体者称山崩。崩塌会使建筑物,甚至使整个居民点遭到毁坏,使公路和铁路被掩埋,带来重大损失。崩塌往往产生大量滚石,所谓滚石是指块石因某种原因从自然斜坡、人工边坡,也包括不稳定的或正在运动中的滑坡体、崩塌体、面状碎屑流等岩(土)体失稳后,经过下落、回弹、跳跃、滚动或滑动等运动方式,或者以上运动方式中的一种或几种的组合沿着坡面快速向下运动,最后在较平缓的地带或障碍物附近静止下来的一个动力演化过程。崩塌对桥梁结构的危害主要体现在以下两方面:①直接撞击桥面引起大桥坍塌或者造成桥面破坏或是造成梁体的折断特别是对于装配式的桥梁;②崩塌产生的滚石冲击桥梁下部的墩柱造成墩体破坏而引起桥面塌落。

泥石流是介于流水与滑坡之间的一种地质作用。在适当的地形条件下,大量的水体浸透山坡或沟床中的固体堆积物质,使其稳定性降低,饱含水分的固体堆积物质在自身重力作用下发生运动,就形成了泥石流。泥石流是一种破坏力很大的山区自然灾害。一次强大的泥石流,常常会冲毁桥梁、淤埋铁路、淹没车站、中断交通,是山区建设和铁路、公路运输中必须注意的自然灾害。我国是一个多山的国家,山地面积约占土地总面积的三分之二以上,因而泥石流分布也较广,桥梁遭受泥石流的破坏,几乎连年不断,并有逐年增加的趋势。据统计,全国有1583县(市)长期受到泥石流灾害的困扰,平均每年爆发1000余起。泥石流活动区的面积达480万 km^2,其中活动强烈区达130万 km^2,全国有8万处泥石流活动,其中严重的有8500多处。对于桥梁结构而言,泥石流的主要危害方式包括:冲刷、冲击、堆积淤埋等。第一,冲刷危害在泥石流上游段主要表现为下切作用;泥石流中游段主要表现为冲刷旁蚀作用,在泥石流下游段以局部冲刷作用为主。第二,冲击作用主要包括其石块撞击力和泥石流的动压力以及爬高、冲起高和弯道超高等作用。第三,堆积淤埋危害主要发生在泥石流下游段,尤其是在堆积扇沟段。当然,在某些条件下,上、中游区段也会发生临时性堆积作用,加大泥石流的后续破坏力度。堆积淤埋危害会影响桥梁的通行能力,情节轻微的可造成桥涵净空减少,灾害严重的将造成桥梁垮塌或完全掩埋的后果。

2）桥梁地质灾害事故案例

1981年7月9日,成昆线尼日至乌斯河间的利子依达铁路大桥被泥石流冲塌,正在通过的442次列车2台机车、1辆行李车和1辆客车坠入大渡河内,造成超过275人死亡或失踪,线路中断15天,是中国铁路历史上旅客伤亡最为惨重的事故(图3.6)。

2011年7月4日,四川省阿坝州映秀至卧龙公路映秀镇中滩堡村一公路桥梁被山洪泥石流冲毁,导致81名群众被困(图3.7)。

2013年7月11日,四川阿坝州汶川境内受持续强降雨影响,映秀、卧龙等地发生洪涝泥石流灾害,造成映秀中滩堡村境内的桥园子大桥被泥石流冲断,交通受到严重阻碍(图3.8)。

2004年12月11日晚10时30分左右,甬台温高速公路柳市附近突发大面积山体滑坡事故,致使温州大桥白鹭屿至乐成镇一段的高速公路双向车道全部瘫痪(图3.9)。

2014年9月16日9时24分,包茂高速公路安康至西安方向K1056+100m处发生山体大面积滑坡,造成30m桥梁断裂(图3.10)。

图3.6　成昆线铁路桥泥石流灾害

图3.7　滩堡村一公路桥梁被山洪泥石流冲毁

图3.8　映秀中滩堡村境内的桥园子大桥被泥石流冲断

图3.9　温州大桥受滑坡阻碍

图3.10　包茂高速公路一桥梁因滑坡灾害突然断裂

滚石等地质灾害也会直接撞击桥面或桥墩引起大桥坍塌。汶川地震中,渔子溪 2 号桥右侧的斜坡在地震时坡体受到严重破坏,在桥梁侧面的坡体和陡峭的岩壁上大量的由于地震震裂的岩块镶嵌在其表面,这些镶嵌在表面的块石在强降雨和雨水渗入的条件下发生失稳崩落,崩落后的块石经过滚动、弹跳沿坡面向下运动,砸坏和越过多道拦石墙后击中桥面,整个桥梁被砸垮(图 3.11)。

图 3.11　渔子溪 2 号桥滚石破坏

2011 年 9 月 13 日凌晨 2 时许,持续多日的秋雨造成西汉高速公路犄角岭隧道上行线北口山体松动并引发崩塌灾害。脱落岩体的大量滚石飞落至隧道前的桥梁上,最大的石块比电冰箱还大,最小的也与洗脸盆相当,巨大的冲击力致使三片梁体出现裂缝,桥面上两处出现面积均约 $1m^2$ 的大坑,隧道口的东侧一段大约 5m 长的护栏也被巨石砸断,西侧水泥护栏被砸出一个长约 2m 的豁口(图 3.12)。

图 3.12　滚石砸坏西汉高速线路上的桥梁

3.1.3　大风灾害

1)风灾对桥梁的影响

我国东临太平洋,有长达 18000 多公里的大陆海岸线,这就导致了我国严重而频繁的台风灾害。2004 年 8 月 12 日 20 时,台风"云娜"在浙江登陆,相关记录显示,台风"云娜"是我国大陆自 1956 年以来遭受到的最大台风。"云娜"登陆时,其中心气压达到 950hpa,中心最大风力超过 12 级。据统计,台风袭击浙江后,全省失踪 24 人、死亡 164 人,全省 75 个县市区以及近千个乡镇,共 1299 万人受灾,同时造成 6.43 万间房屋倒塌,造成 181.28 亿元的经济损失。

2005年9月初,台风"泰利"袭击我国浙江、湖北、河南、福建、河南、江西6个省市,共1930.1万人不同程度受灾。

风是空气从气压大的地方向气压小的地方流动而形成的。风在行进中遇到结构,就形成风压力,使结构产生振动和变形。风灾作为一种主要自然灾害,每年都给人民的生命财产带来巨大损失。作为重要交通设施的桥梁也经常受到风的威胁甚至危害。近几年来,随着我国大跨度桥梁的建设,桥梁风害也时有发生,如广东南海九江公路斜拉桥施工中吊机被大风吹倒,砸坏主梁;江西九江长江公铁两用钢拱桥吊杆的涡激共振;上海杨浦大桥斜拉索的涡振和雨振损坏套索等。虽然目前还没有发生大的毁桥事故,但是应该从世界各国的毁桥事故中吸取教训,认识到桥梁抗风设计的重要性,真正做到防患于未然。

作为城市生命线工程的重要组成部分,桥梁一旦遭受风灾影响造成损伤或破坏,带来的后果将十分严重。在风的作用下,桥梁结构产生振动,降低了过桥行人的舒适感,严重情况下,会导致交通中断甚至桥梁倒塌。在风荷载的长期作用下,桥梁结构易形成累积疲劳效应,桥梁的耐久性会大大降低。早期,由于相关的理论研究较为缺乏,桥梁工作者对桥梁风致振动的认知不足,人们关注风工程始于美国塔科马海峡大桥坍塌事故——在强烈的风致振动下桥梁整体坍塌。随着人类对风工程的深入研究,已经能够有效地降低风致桥梁损毁事故发生的概率,内陆风沙破坏和沿海台风破坏是目前常见的风灾破坏。

高速公路、桥梁及其附属设施极易受到风灾的破坏,且破坏十分严重,风灾出现较为频繁且发生时通常波及范围较广,交通安全受到严重影响。据相关资料显示,卡特里娜飓风过后美国政府花费了超过10亿美元来更换和维修因飓风受损的桥梁,同时还造成了无法估量的间接经济损失。风主要是以下几种方式来破坏桥梁结构:

(1)台风破坏与风浪荷载破坏。沿海地区基础埋置深度较浅的桥梁,由于其较弱的抵抗台风、风浪能力,易在强风与风浪荷载联合作用下出现梁体(多为桥梁上部结构)整体移位甚至脱落的现象。同时,在破坏的过程中,桥梁结构的支座也会受到相当程度的损伤或移位,桥梁结构的受力体系容易发生改变,间接损毁桥梁结构。

(2)台风引发冲刷破坏。冲刷破坏多见于桥梁下部结构,在台风多发水域尤为严重,在因台风引发的桥梁破坏事故中,冲刷破坏占有相当大的比重。在台风的驱动下,水体以巨大的能量不断冲刷桥梁,造成桥梁结构的冲刷破坏。由于海洋、湖泊等特殊的水域环境,在冲刷破坏的同时往往伴随着结构的腐蚀破坏,加大了桥梁事故发生的概率。

(3)风沙破坏。在沙漠化严重的区域,沙尘极易在风的作用下产生堆积,大量积沙不仅能堵塞桥面泄水孔等排水设施,造成桥梁排水系统故障;堆积在桥面上的大量积沙还会对桥梁产生附加荷载,降低桥梁承载能力;对于中小跨径的桥梁或涵洞,大量的积沙容易阻塞桥孔,影响泄洪和桥下通行;同时,在恶劣的风沙环境下,桥梁的临风面易受到风沙和石砾的剥蚀,严重情况下会摧毁桥梁结构。

2)桥梁风灾事故案例

自从1940年美国塔科马大桥由于风致灾害垮塌后,桥梁设计和建造者在桥梁抗风研究和实践中做了大量有效工作。目前,大跨度桥梁整体抗风安全性基本得到了保证,但风引起的振动对桥梁的安全仍有较大的影响,如涡激振动、拱桥吊杆振动、斜拉索雨振、悬索桥塔周长吊索振动等等。

金祖阿桥位于美国宾夕法尼亚州,金祖阿桥墩为空间桁架结构,2003 年 7 月 21 日,在强大的过境飓风作用下,20 个高塔中的 11 个倒塌,进而引起金祖阿高架桥坍塌(图 3.13)。

图 3.13　金祖阿高架桥坍塌破坏图

图 3.14 为卡特里娜飓风所造成的桥梁破坏,从图 3.14 可见,飓风带来的桥梁损坏,主要表现为强风和巨浪共同作用下的落梁、错位和挤压破坏。这样的桥梁灾害在以往是很少遇见的。

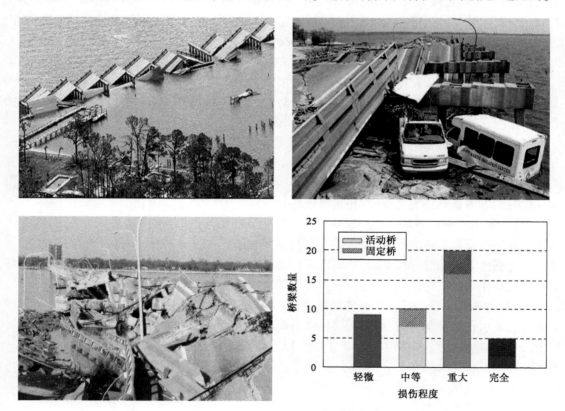

图 3.14　美国卡特里娜飓风引起的桥梁灾害

我国由风灾所造成的桥梁垮塌并不多见,但风作用对桥梁结构正常使用造成影响比较常见。例如,2001 年岳阳洞庭湖大桥斜拉索发生强烈的风雨振动,采用了磁流变阻尼器后才得以抑制住了振动(图 3.15)。

图 3.15　岳阳洞庭湖大桥

3.1.4　洪水

1）洪水灾害对桥梁的影响

洪水是指由暴雨、急骤融冰化雪、风暴潮等自然因素引起的江河湖海水量迅速增加或水位迅猛上涨的水流现象。随着经济的发展和人口密度的不断增大，人类对自然环境的破坏程度加大，也使得洪水暴发的频率增加。洪水会对桥梁安全产生较大影响，具体表现为：洪水对桥梁的损害破坏力量较大，一般发生的范围比较广，而且发生的次数也较为频繁。洪水对桥梁结构的破坏因素很多，除水体本身所具有的能量外，在桥梁上游一侧所形成的积水（因漂浮物的堆积而加剧），驳船和较大漂浮物的冲击力以及桥墩下游的强烈冲刷均可能威胁到桥梁安全。据不完全统计，1975 年以来，全国平均每年因洪水类地质灾害引起的桥涵损害所带来的经济损失达数亿元以上，特别是 20 世纪 90 年代以后，随着交通运输业的高速发展和公路等级的提高，桥涵水毁损失非但没有减少，并且呈逐年上升趋势。

山区特殊的地形地貌、环境和特殊的气候，影响着暴雨强度和降水分布，降雨具有历时短、雨量集中、强度大等特点，从而使山区成为水灾害、特殊地质灾害的高发区，同时也对当地公路等基础设施构成了极大的威胁（图 3.16）。

图 3.16　山洪作用下典型公路桥梁破坏图

抗洪能力是桥梁设计中必不可少的一项，洪水对桥梁的威胁或破坏主要包括两个方面，一个是洪水对桥梁结构的冲击作用，另一个是洪水对桥墩基础的冲刷作用。当遭遇洪水季节，大量的洪水携带相当量的泥沙以较快的速度自上而下，在桥梁所在处由于河道的突然变窄，过水断面的面积减小，会在距桥址上游一定距离内发生整体横断面的壅水，进而对桥梁横向进行冲击；在桥墩部位水流速增大会对桥墩有很大的冲刷作用，同时会在桥墩处形成漩涡对桥墩基础造成很大的冲刷,带走基石,久而久之会使桥墩基础不稳固,造成严重危害。

2) 桥梁在洪水灾害中的事故

2006年8月5日,巴基斯坦西北部一座桥梁在大雨中坍塌,桥上众多行人和车辆落入急流,造成至少39人死亡。目击者说,当时这座高约10m的桥上约有200名行人和一些车辆(图3.17)。

石亭江大桥(图3.18)是一座多跨的混凝土T梁桥。图3.18a)中右侧所示的下行线桥建于20世纪50年代,全长250m左右,跨度15m,重力式圬工桥墩,扩大基础置于砂卵石层上。2010年8月19日下午3时许,下行线桥的2个桥墩及3孔T梁被肆虐的洪水冲毁,正行驶在大桥上的K165次列车遇此突变,第14、15号车厢坠入急流,所幸发现险情及时、组织疏散得力,无人员伤亡。

图3.17 洪水作用下公路桥梁破坏图

a)垮塌前(右侧)

b)垮塌后

图3.18 广汉石亭江铁路大桥事故

对使用时间较长的旧桥而言,洪水所造成的水害不容忽视。一方面,旧桥的跨度通常不大,多采用阻水面积较大的重力式圬工桥墩,基础的埋置深度有限,存在比较严重的局部冲刷;另一方面,对隐藏在水下的冲刷,难以及时观察和治理。一旦遭遇强大的洪水冲击,就有可能导致灾难性的后果。

2002年6月9日,灞桥铁路大桥被洪水冲断,致使300多次列车滞留,陇海铁路西安段陷入瘫痪(图3.19)。

图3.19 暴雨冲垮西安灞河上的陇海线铁路桥梁

3.1.5 撞击、爆炸和其他原因

作为国民交通基础设施的重要构成部分,桥梁结构在其整个生命周期内可能会遭遇各种不同的偶然作用,例如桥梁撞击和爆炸。虽撞击和爆炸等事故属于小概率事件,可是一旦发生就有可能造成难以挽救的损失。爆炸不仅会造成桥梁构件的破坏,甚至会引发难以修复的结构连续性倒塌,造成人员伤亡和交通中断;桥梁结构构件遭受撞击和爆炸后,后果不仅仅是损伤修复的代价,更会对交通运输、政治经济和国家安全造成重大影响。

撞击和保障作用具有局部性、短暂性和不确定性,这些特点决定了结构构件的抗爆、防撞分析与其抗震分析有所不同。地震作用是由地面运动产生,由基础传到地面上的结构,结构会整体晃动,薄弱构件的薄弱处会首先出现损伤。爆炸作用下的结构构件,其初始损伤一般瞬间产生于某个局部(并非一定是薄弱处),而且爆炸作用对于结构局部的影响在量级上常常会比地震作用大。桥梁的抗爆防爆还具有其自身明显的结构特点,它与建筑等其他结构的抗爆、防撞亦不完全相同。

随着局部战争、暴恐袭击和意外事故的多发,桥梁结构遭受爆炸的事件已屡见不鲜,其灾害损失亦相当惨重。在1999年的科索沃战争中,北约专门发动了针对桥梁的空袭,分别炸毁几十座桥梁,中断了敌军的后勤补给和交通运输。2007—2009年,伊拉克多座桥梁如萨拉非耶大桥、杰迪里亚夫大桥等遭受恐怖爆炸,造成交通中断和民众恐慌。2007年,在美国奥克兰的立交桥群——MacAr-thur Maze立交上,一辆油罐车翻车爆炸,该事故致使该处通向海湾大桥的两跨引桥坍塌。2009年,江西境内大广高速公路南康段上,两辆载运烟花与黄油的货车追尾并诱发爆炸,将一座立交桥的梁体半边炸毁。2011年,浙江境内温丽高速公路青田与温溪交接段,一辆运输硬脂酸的货车起火爆炸,导致该处桥梁严重损坏。2013年,河南境内连霍高速公路渑池段,载满十几吨爆竹的货车在义昌大桥上发生爆炸,使得该桥南半幅垮塌。2014年,乌克兰民间武装为拖延政府军,将公路和铁路上三座通往顿涅茨克的桥梁炸毁。放眼世界,桥梁爆炸事故不一而足。某些爆炸事故中,即使爆炸荷载不大,也会由于桥梁结构形式和特殊的爆炸位置,而引起桥梁的严重破坏。

(1)阿肯色河公路桥。

2002年5月26日,一艘拖船行驶在阿肯色河上,由于船长突发疾病,拖船失去控制,顶着两艘空驳船撞上该桥的一个桥墩,导致阿肯色河公路桥坍塌,17辆汽车坠河、17人遇难。该事故严重阻碍了横穿俄克拉荷马的40号州际高速公路,直到6个月后才得以重新开放(图3.20)。

图3.20 阿肯色河公路桥破坏图

(2)瑞典Almö桥。

瑞典Almö桥(图3.21)是一座钢管拱桥,建于1960年,跨越航道繁忙的Askerö峡湾;该桥主跨达278m,是当时世界上跨度最大的钢拱桥。1980年1月18日凌晨,在大雾中被一艘散货船撞击到拱圈,引起主桥垮塌,8人丧生。

a) 垮塌前

b) 垮塌后

图 3.21 瑞典 Almö 桥事故

事故发生的原因,看似是由浓雾导致行船偏离航道造成的。但是,建桥时因经费限制采取了抗撞击能力较差的空钢管结构,以及有限的桥下通航净空,这也为这次事故埋下了隐患。

（3）九江大桥引桥。

2007年6月15日,运沙船撞击九江大桥（图3.22）23号桥墩,导致桥梁垮塌,修复工作花费两年时间,耗费1.4亿元人民币。

图 3.22 九江大桥垮塌

3.2 影响桥梁安全的人为因素和案例分析

3.2.1 超载

此外,运营管理不到位,极有可能出现超载超速现象。桥梁的超载一方面可能引发疲劳问题,使桥梁疲劳应力幅度加大、损伤加剧。另一方面,由于超载造成的桥梁内部损伤不能恢复,将使得桥梁在正常荷载下的工作状态发生变化,从而可能危害桥梁的安全性和耐久性。汽车超载主要有三种情况:一是早期修建的老桥超龄负载运营;二是桥梁通行的车流量超过原设计;三是车辆违规超载。前两种的原因主要是设计荷载的变化和交通量的增加,后者是车辆使用者违法超载营运;后两种超载现象在我国交通运输中较为普遍。车辆超载会使桥梁寿命缩短,更为严重的会造成桥毁人亡的事故。

超载作用对钢筋混凝土桥梁造成的损伤是巨大的,在某些极端超载情况下,重车的总重超过额定荷载量四到五倍甚至十倍以上,直接造成桥梁侧翻、桥梁垮塌、桥面塌陷等严重后果。长期频繁的超载作用也会使桥梁的内部损伤持续累计,造成桥梁的极限承载以及使用性能的退化,例如伸缩缝碎裂、桥台不均匀沉降引起桥梁跳车,桥面铺装坑槽车辙将影响行车的舒适性;还会引起装配式桥梁铰缝开裂,失去横向联系,造成单梁受力的不利局面;使梁体出现超过规范限值的弯曲裂缝及剪切裂缝,影响桥梁的极限承载力与耐久性;造成下承式混凝土拱桥的吊杆的应力幅过大,最终导致吊杆疲劳破坏。

(1)北京怀柔白河桥。

2011年7月20日凌晨,一辆重达160t的严重超载沙石的6轴货车经过北京怀柔白河桥(图3.23),使得桥梁各孔接连发生坍塌。经评定,货车超载是造成垮塌事故的根本原因。北京怀柔白河桥是一座钢筋混凝土刚架拱桥,建于1987年。该桥全长232.81m,桥跨布置为4×50 m。2006年进行上部结构加固,经检测为二类桥梁,设计荷载为汽车—20级(车重不允许超过55t)。

a)垮塌前　　　　　　　　　　　　　　b)垮塌后

图3.23　北京怀柔白河桥事故

(2)多座高架桥整体倾覆。

从2007年到2015年,我国有多座高架桥(或引桥)接连发生整体倾覆事故,图3.24所示为其中一部分。这些桥梁事故的共同特点是:采用独柱墩形式,在重载货车的偏载作用下整体倾覆。

a)内蒙古包头民族东路高架桥(2007年10月23日)

b)浙江上虞市春晖立交桥(2011年2月21日)

c)哈尔滨阳明滩大桥引桥(2012年8月24日)

d)广东河源赣粤高速匝道桥(2015年6月19日)

图3.24 多座高架桥整体倾覆

在我国,公路货车超载问题是一个严重威胁道路桥梁安全及人民生命财产安全的顽疾,近年来的多起桥梁事故均与此有关。因超载问题涉及综合治理,时至今日也还没有一个切实可行的管理办法。从桥梁工程的角度讲,可以开展的工作包括:加大桥梁施工时的质量控制,加大桥梁的管养力度,提高桥梁的检测、评估和加固技术水平等。

3.2.2 设计

正确的设计、施工、运营和检测加固措施是保障桥梁安全的重要保证,但由于技术局限、管理不善或者决策失误,有可能给桥梁的安全带来风险。设计原因是指由于桥梁设计方案本身的缺陷造成的桥梁施工、使用过程中引发安全问题,主要有:

1)设计理论本身的缺陷

由于人们对客观世界的认识是有限的,造成整个业界对一些引发事故的基本原理事先未知,从而引发安全事故。由于设计理论本身缺陷引起的事故常常出现在新型结构或是超长跨度等探索性工程中。考虑到桥梁结构个性突出,以及目前桥梁结构设计中长大化、轻柔化、空间化的总体趋势,设计理论缺失引起安全事故的潜在风险将长期存在,但随着工程实践的不断丰富,它在事故中的比例将不断减小。

2) 对设计规范的不正确使用

工程规范是对以往工程实践的总结,是工程师检验设计的基本手段。考虑到社会成本等因素,工程规范往往针对常规结构制定,有其特定使用范围,在使用规范之前应对规范条目的适用性进行检验。对设计规范的不正确使用而引发事故的根本原因在于设计者的基本素质和设计经验缺失。

3) 设计者的错误

由于设计者设计疏忽,或责任心不强容易造成设计失误,主要表现为计算错误及施工图不完善。在桥梁设计计算中,由于计算错误等原因,可能给桥梁带来先天不足问题。

以下是一些因设计不足而造成桥梁垮塌事故的案例。

(1) 美国 I-35W 大桥

美国 I-35W 密西西比河大桥(图 3.25)是位于明尼苏达州的一座高速公路桁架桥,建于 1967 年,总长 581m,主跨 139m。2007 年 8 月 1 日下午,正值交通高峰时间,当桥上车流受限于车道管制而缓慢前进之时,桥梁突然开始破坏,几秒钟之后全桥垮塌。60 多辆的车及其中乘客坠入河中,造成 13 人死亡、145 人受伤。事后查明:设计缺陷(过薄的节点板)是造成事故的可能原因。其实早在 2001 年,明尼苏达大学土木系的一份报告就指出该桥纵梁已扭曲变形,并有材料疲劳的证据;该报告同时指出:一旦桁架承受不了庞大车流,I-35W 大桥恐将崩塌。但桥梁管理者对此没有引起足够重视,而只作出了限制交通、加强检测的不当决策。

a) 垮塌前

b) 垮塌后

图 3.25 美国 I-35W 桥事故

(2) 印尼马哈坎第二大桥

马哈坎第二大桥(图 3.26)是印尼的一座吊桥,位于婆罗洲岛加里曼丹帖木儿,跨越马哈坎河,连接 Tenggarong 和三马林。2011 年 11 月 26 日下午 4 点 30 分左右发生坍塌,事发时工人们正在对大桥的主缆进行维修。大桥的垮塌事故共造成 20 人死亡、40 人受伤,另外还有 19 人失踪,经济损失高达 1640 万美元。

a)坍塌前　　　　　　　　　　　　　　b)坍塌后

图3.26　马哈坎第二大桥事故

(3)1969—1971年间的四座钢箱梁桥局部失稳事故

1969—1971年间,欧洲和澳大利亚有四座钢箱梁桥接连发生局部失稳事故。1969年11月6日,刚刚完成合龙的奥地利维也纳多瑙河4号桥(现称Prater大桥)梁部发生三处局部失稳,见图3.27。该桥全长412m,分跨(120+210+82)m,其箱梁下翼缘由于施工时的恒载效应和温度效应叠加,所受压应力过大,致使局部失稳,结构损坏。所幸这次事故没有造成人员伤亡。

a)主梁局部失稳　　　　　　　　　　　b)桥梁现状

图3.27　奥地利Prater桥事故

英国米尔福德港桥(也称Cleddau桥,图3.28)为一座连续钢箱梁桥,桥长819m,分跨(77+77+77+149+213+149+77)m。1970年6月2日,在采用全伸臂安装第二个77m边跨中,当伸臂长度达59.6m时,支承桥墩处的梁内横隔板突然发生失稳,导致伸臂垮塌,并使墩身冲击开裂,造成4人死亡。该桥的箱梁截面呈倒梯形,在恒载作用之下,斜腹板对横隔板会产生水平压力,由于当时的认识局限,导致出现事故。

澳大利亚墨尔本的西门桥为一座钢斜拉桥(图3.29),全长2582.6m,主桥为一双塔稀索斜拉桥,分跨(112+144+336+144+112)m。因架设方案实施困难,112m跨整孔沿桥轴线分为左右两个开口半箱分别吊装。1970年10月15日,在桥位处拼拢左右两半钢箱梁时,跨中上翼板突然失稳,该跨完全垮塌。这一事故导致35人死亡、18人受伤,也将桥梁建成通车的时间延误至1978年11月。事故的直接原因是:不应在跨中有正弯矩的情况下,拆除用于加固半箱的高强栓接头及临时构件。

a) 主梁局部失稳　　　　　　　　　b) 桥梁现状

图 3.28　英国 Cleddau 桥事故

a) 整孔垮塌　　　　　　　　　　b) 桥梁现状

图 3.29　澳大利亚西门桥事故

德国科布伦茨桥(也叫南桥,图 3.30)是一座跨越莱茵河的三跨钢箱连续梁,桥长 442m,分孔(103+235+103)m。1971 年 11 月 10 日,该桥的伸臂伸出(主墩之外)长度达 104.5m,在吊机起吊安装半跨最后一个梁段时,梁的伸臂突然在其离墩 55m 处发生折角,使臂端落水,造成 13 人死亡。该桥底板纵向由 T 肋加劲,箱梁横向由斜撑钢管加劲,各梁段现场焊接。为使梁段接头焊接便利并减小焊接残余应力,底板 T 肋并未完全连通,存在 460mm 长的缺口,造成底板局部失稳。因为这次事故,桥梁也延误至 1975 年建成。

a) 伸臂折弯　　　　　　　　　　b) 桥梁现状

图 3.30　德国科布伦茨桥事故

这四座大型钢箱梁的施工事故,带来了难以弥补的社会和经济损失。但是,这些事故也促使桥梁界对薄壁钢箱结构稳定问题的重新审视和研究,间接推动了钢桥设计理论、方法和安全施工技术的进步。

3.2.3 施工

施工是设计的实现过程,设计正确性与否、是否完善,在施工中都会得到检验,同时,施工的质量优劣,也将影响桥梁的整体性能。在桥梁建设中,尽管设计正确,但施工方法不当、施工质量控制不严、施工过程中遇到一些非预见性灾害,如洪水、地震等,常常导致桥梁承载能力降低,不能达到设计的预期目的。桥梁施工事故,是指主要由施工方法、施工设备、施工人员等施工原因引起的桥梁事故,包括施工时发生的事故和在拆除时发生的事故。桥梁工程实施过程中,若出现安全事故,必将引起巨大的人员、财产伤亡及十分严重的社会影响。

据不完全统计,1999—2011年,国内发生的97起桥梁事故中有62起是因施工原因引起的,占事故总数的63.9%。其中,发生在施工阶段的事故最多,占了总数的70.1%;其次是发生在拆除阶段的,占总数的19.4%;使用阶段占总数的9.7%。在这13年中,统计在内的桥梁事故共造成298人死亡或失踪、466人受伤,其中因施工原因引起的桥梁事故几乎均造成了人员伤亡。有人员伤亡的施工事故比例,达到了总事故的75%。施工原因引起的事故中,倒塌事故占80%以上,特别是中小桥发生的倒塌和严重损伤的事故。

图 3.31　湖南凤凰沱江大桥在施工中垮塌

2007年8月13日,湖南省凤凰堤溪公路大桥(图3.31)正在施工,施工人员正在拆卸的脚手架突然坍塌,事故造成死亡31人、受伤22人。

2008年8月21日6时10分左右,浙江甬台温铁路黄岩金寺堂特大桥(图3.32)梁板坍塌,4名施工人员被埋,造成2人受伤、2人死亡。

图 3.32　浙江甬台温铁路黄岩金寺堂特大桥梁板坍塌

针对桥梁因施工导致垮塌的事故,政府需严格把关施工流程中的每一个环节,并时刻对施工质量进行抽查和验收,通过法律和规范,达到约束每一个在职工程人员的目的。

3.2.4 维护管理不到位

多年来,钢筋混凝土桥梁凭借其造价相对较低、刚度大、耐久性好、施工方便、构造措施简单等优势在世界范围得到了广泛的应用,在中小跨径的桥梁中占据的比例更是其他桥型不可比拟的。尽管钢筋混凝土桥在桥梁建设中占据绝对地位,但也不可忽视其存在的安全问题,随着时间的推移,钢筋混凝土桥会因收缩徐变、钢筋锈蚀等问题导致承载力逐渐降低,另外超载严重的车辆频繁通过也大大地加速了混凝土桥梁的损伤速度,在交通量剧烈增长的同时,混凝土桥承载能力下降的速率也加大,这一矛盾如果不及时解决,混凝土桥梁的安全形势将十分严峻。

随着我国社会经济和交通运输事业的快速发展,过去修建于各年代的桥梁负担着十分沉重的交通荷载及繁重的客货运数量。如果桥梁长期疲劳作业,则病害会大量出现并发展迅速,将难以适应日趋增长的交通量需求。随着环境因素与行车荷载的相互作用,桥梁技术状况不断发生恶化,使用功能降低。甚至出现了较多桥梁垮塌事故,造成诸多社会影响、经济损失和人员生命财产损失。

(1) 美国斯卡吉特桥

2013年5月23日,华盛顿州一座名叫斯卡吉特的行车桥梁倒塌,有行驶中的车辆坠河,幸运的是该事故没有人死亡,但有三人受伤。大桥始建于1955年,它所在的公路是连接西雅图与加拿大温哥华的主要公路,相关资料显示,这座大桥每天要承受平均71000辆车的车流量,其高负荷的承载最终导致了桥梁的坍塌(图3.33)。

图3.33 斯卡吉特桥破坏图

(2) 美国Silver桥

位于弗吉尼亚州的Silver桥(图3.34)为一座链式公路悬索桥,全长681m,主跨213.5m,建于1928年。1967年12月15日交通高峰期,该桥在没有任何预兆的情况下突然倒塌,导致46人死亡。事后查明:该桥严重超载且养护维修欠缺,这是导致一根眼杆破断、全桥倒塌的原因。

(3) 帕劳KB桥

帕劳Koror-Babeldaob桥(简称KB桥,图3.35)是一座跨中带铰的大跨度预应力混凝土T构桥,建于1977年。桥梁全长385.6m,主跨240.8m,是当时同类桥梁中跨度最大者。1996年9月26日,该桥突然垮塌,导致2人死亡、4人受伤。

a) 垮塌前

图 3.34

b)垮塌后

图3.34 美国Silver桥事故

a)垮塌前

b)垮塌后

图3.35 帕劳KB桥事故

因发现该桥跨中持续下挠,在垮塌前3个月,对该桥进行了加固改造,包括:将初始体系改为连续结构、增加预应力钢筋、跨中布设8个扁平千斤顶(以增加预应力)、填平下挠的桥面(增加了自重)等。这些做法,包括在加固设计中对混凝土徐变及弹性模量的取值把握不准,事实上加快了桥梁的垮塌。由此可以看出,桥梁设计理论的进步和技术水平的提高是保障桥梁安全的基础。

(4)宜宾小南门大桥

宜宾小南门大桥(图3.36)是一座中承式钢筋混凝土拱桥,建于1990年。该桥全长

387.37m,净跨240m,时称"亚洲第一拱"。2001年11月7日凌晨4时左右,该桥桥面轰然断为三截,造成3车坠江、1船被毁、2人死亡、2人失踪、3人受伤。现场勘查发现,吊杆下端断裂处钢丝锈迹斑斑,有些早已断裂,因此判断钢绞线腐蚀所导致的吊杆局部断裂,是桥梁事故的主因。当时的吊杆下锚头构造难以做到可检查性,遑论可维修性、可加强性和可更换性,这为桥梁的安全使用留下了隐患。

a) 跨塌前　　b) 跨塌后

图3.36　宜宾小南门大桥事故

(5) 杭州钱塘江三桥

2011年7月15日凌晨2时许,1997年建成通车的杭州钱塘江三桥引桥(空心板结构)发生塌陷事故,一辆满载钢板的半挂车经过,造成两片空心板连同挂车一起坠落(图3.37)。

图3.37　杭州钱塘江三桥引桥垮塌

总体而言,影响桥梁安全的因素很多,总的来说可以归结为两类,即人为因素和自然因素。自然因素包括灾害(地震、泥石流、滚石、洪水、风灾、暴雨等)、自然老化、漂流物撞击以及其他未知因素等。如果处置不当,就有可能引发安全事故,造成生命和财产损失。

第4章　桥梁安全事故的调查统计分析

深入分析桥梁安全事故的原因和类型,可以为桥梁安全保障决策提供参考。本章基于收集到的桥梁事故资料,统计分析了国内外桥梁事故的原因、次数和时间分布规律,并针对桥梁安全存在问题的原因进行了分析。本章主要采用具体调研、战略分析、统计分析、专家咨询及前瞻性规划等研究方法。具体技术路线如下:

(1)对近20年(1994—2014年)国外垮桥事故进行统计,并对影响桥梁安全因素进行梳理,运用数学手段进行分析和预测,确定重要危险源并排序,明确影响国外桥梁安全的最主要因素,为项目后续开展提供辅助与参考资料。

(2)组织专项考察调研团,对国外的安全评估系统进行深入研究,与国外桥梁专业人士进行深入交流,对国外发生的重大桥梁坍塌事故进行实地考察、采集数据、总结教训与启示。

(3)在对国外桥梁安全问题调研分析、现场考察与具体交流的基础上,结合我国具体的、特色的国情,集中专家讨论、通过智慧碰撞与决策,提出我国桥梁安全保障战略的指导思想和主要目标,形成我国桥梁安全保障战略难点及重点任务,并提出相应的政策、措施、建议。

4.1　国外桥梁事故调查分析

由美国联邦公路局(FHWA)2013年公布的数据可知:在美国的595000座桥梁中,约有28%存在着缺陷,但只有15%存在结构缺陷。在欧洲,存在缺陷的桥梁约为10%。基于能搜集到的有限资料,对1900年后国外发生的469座桥梁事故的资料进行了总体分析,主要结果如下:

图4.1所示为1900年以来国外桥梁事故的次数统计。从图中可以看出,随着第二次世界大战后交通基础设施的大规模建设,桥梁事故次数有明显增加。图4.2所示为事故所反映出的基本特征。从图中可以看出,80%以上的事故是人为因素所致,60%以上的事故发生在运营阶段,约50%的事故导致了结构倒塌。

对事故的原因分类见图4.3。从图中可以看出,施工安全控制不力、遭受船车碰撞、设计存在缺陷、洪水或基础冲刷导致的水害等,是导致桥梁事故的主要原因。

从图4.3可以看出,施工事故、碰撞事故和水利事故占据事故总数的前三位,设计事故和超载事故分列四到五位。疲劳原因和腐蚀原因引起的事故相对较少,相比较于其他事故,这两类事故的发生比较隐蔽,不易察觉。冰事故、蓄意破坏事故数量上最少,这主要是因为此类事故发生受季节性和偶然性因素的影响,发生事故的概率较低。

第4章　桥梁安全事故的调查统计分析

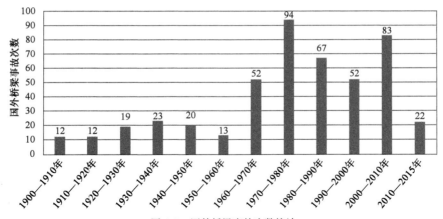

图 4.1　国外桥梁事故次数统计

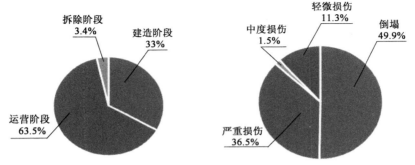

图 4.2　国外桥梁事故特征分析

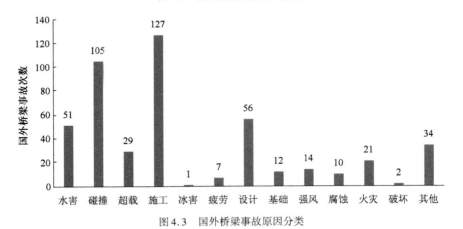

图 4.3　国外桥梁事故原因分类

在材料方面，钢桥和混凝土桥的比例均较突出，钢桥事故最多（图 4.4）。笔者认为，受到统计时间范围的影响，本次统计的桥梁事故主要集中在 20 世纪以后的时间段内，虽然木材和石料是传统的桥梁建筑材料，但随着新材料如钢和混凝土材料的发展，传统的材料不能满足桥梁跨度及承载能力方面的需求，桥梁的数量必然大量减少，而钢材和混凝土材料具有各自明显的优势，在近代桥梁建设领域得到了大范围的应用，因而在桥梁事故方面混凝土和钢材的事故数量占有很大的比重。

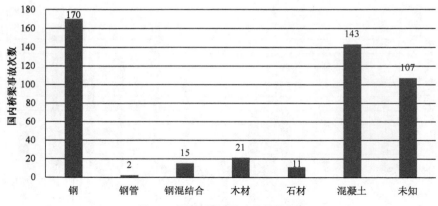

图 4.4　国外桥梁事故中的材料分类

从国外 469 座桥梁事故中,选择有明确开通年份和事故年份的桥梁 148 座,绘制出事故桥梁的使用时长(年)图,见图 4.5。据此得知,使用时长超过 50 年的约占 32%,使用时长超过 100 年的约占 10%。事故发生的年份,在 20 世纪 60 年代后有所增多。计算得知:这些桥梁的平均使用时长为 40 年,为设计寿命(按 100 年计)的 40%。

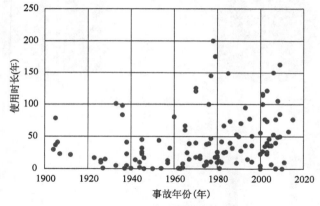

图 4.5　国外事故桥梁的使用时长

4.2　国内桥梁事故调查分析

基于能搜集到的有限资料,对 1900 年后国内发生的 387 座桥梁事故资料进行了总体分析,主要结果如下:

图 4.6 所示为 1900 年以来国内桥梁事故的次数统计。从图中可以看出,20 世纪 60 年代以前的事故资料极少,随着国家交通基础设施建设的发展,桥梁事故开始增多。尤其是在近 15 年内,桥梁事故次数急剧增加,达到同时期世界桥梁事故的 2.76 倍。由此可知,我国面临的桥梁安全问题异常严峻。

图 4.7 所示为事故所反映出的基本特征。从图中可以看出,将近 80% 的事故是人为因素所致,约 60% 的事故发生在建造阶段,这与国外桥梁事故的统计信息基本一致;33% 的事故导致了结构倒塌,该数据低于国外。

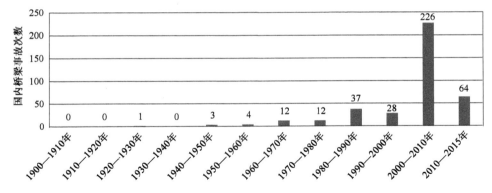

图 4.6　国内桥梁事故次数统计

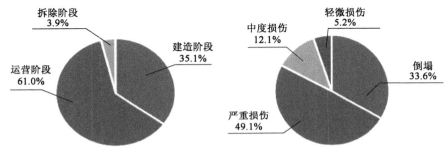

图 4.7　国内桥梁事故特征分析

对事故的原因分类见图 4.8。从图中可以看出,施工安全控制不力、洪水或基础冲刷导致的水害、遭受船车碰撞、车辆超载等,是导致桥梁事故的主要原因。

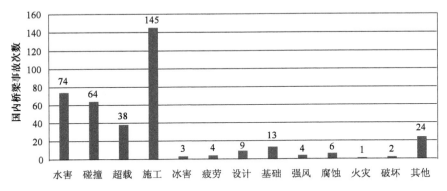

图 4.8　国内桥梁事故原因分类

不难发现,在详细原因方面,除水利事故、设计事故、大风事故、火灾事故外,国内外同类型事故比差别不大。在桥梁发展初期,由于设计原因以及对风荷载认知不足以及桥梁运营维护经验不足等原因,导致国外桥梁结构在设计、风荷载、火灾防护等方面较薄弱。相较于国内的情况,我国桥梁事业从近几十年开始跨越式发展,对于桥梁结构设计理论、风荷载认知比较成熟,运营维护方面从国外借鉴较多。因此,统计资料中出现了国内外桥梁事故同类型比的差异。由于水利事故多为自然灾害引起,此类事故受时间、地域、环境影响较复杂,运营时间越长,出现事故概率越大,偶然因素起到了很大的作用,所以水利事故资料国内外事故比也呈现一些差异。船撞事故、过载事故和支架坍塌事故的比例差别不大,区别较为明显的是国内事故中施工工艺引发的桥梁事故较多,比例达到 19.1%,而在国外同类型事故的比例只有 5.0%,两者差别比较明显。笔者认为,产生这种现象的原因是国内一些地区对于桥梁建设的监管不到位,使得一些不具备施工资质的人员对桥梁进行基础性建设,同时,在施工过程中追求速度而忽略质量,未按照相应的规范程序进行施工,野蛮施工,这些现象的存在导致了施工过程中桥梁事故发生。国内桥梁事故中的材料分类,见图 4.9。

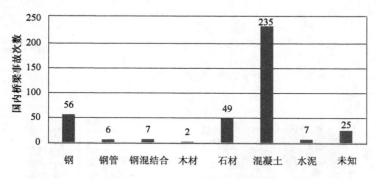

图 4.9 国内桥梁事故中的材料分类

从图中可以看出,混凝土桥和钢桥所占比例均较突出,混凝土桥事故最多。这是因为统计资料中的桥梁事故多为近代,二十世纪新材料的发展,钢材和混凝土材料具有明显的优势,在桥梁建设领域得到大范围的应用,特别是混凝土桥梁在我国应用范围较广,因而在桥梁事故方面混凝土和钢材的事故数量占有较大的比重。与国外不同材料类型的桥梁事故相比,钢桥的事故数量明显减少,这也与国外使用钢材建造桥梁数量的比例较高有关。

从国内的 387 座桥梁事故中,选择有明确开通年份和事故年份的桥梁 172 座,绘制出事故桥梁的使用时长(年)图,见图 4.10。据此得知,使用时长超过 50 年的约占 8%,使用时长超过 100 年的只占 1%。事故发生的年份大部分在 2000 年后。计算得知:这些桥梁的平均使用时长仅为 23.8 年,远不及国外事故桥梁的平均使用时长 40 年,还不到设计寿命(按 100 年计)的 1/4。

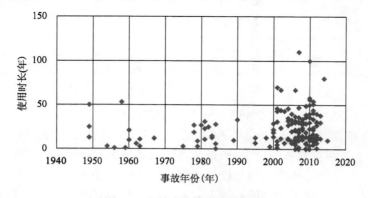

图 4.10 国内事故桥梁的使用时长

从图中可以看到,我国运营阶段桥梁事故主要集中在前 30 年。30~50 年运营时间的桥梁事故案例占整体比例的 20% 左右,而 50 年以上的比例只有 10% 左右。从国内和国外桥梁事故对比来看,国内和国外桥梁事故在运营前十年发生的事故比例基本持平,国内桥梁事故在10~30年区间内的事故比例高于国外10%左右,在30~50年的使用时间内国内外基本相同,国外桥梁在使用50年以上的运营时间段则高于我国10%左右。从图中可以看出,我国桥梁事故在10~30年的运营时间内属于高发阶段,同时,国外桥梁结构的耐久性好于国内。笔者分析认为产生这种现象的原因,一方面是一些发达国家对桥梁管理以及维护工作好于我国,相比之下,国内在这方面没有足够的重视,管养政策不够完善,养护人员不足,不利于桥梁结构的维护。另一方面,我国桥梁事业起步晚,从20世纪90年代起桥梁数量开始激增,桥梁运营管理经验存在一定不足,体现在桥梁出现事故的使用时间集中在前30年。

4.3 国内外桥梁事故对比分析

为深入分析国内外桥梁安全保障现状的差异,对现有数据进行深入分析,重点对比国内外桥梁事故原因、类型等方面的异同点。

4.3.1 国内外桥梁事故原因对比分析

图4.11为国内外桥梁事故对比图。从图4.11中可以看出,国内外桥梁事故原因基本相同,施工、碰撞、超载和水毁所占比例最大。国内超载比例略高于国外,说明我国超载治理压力更大;国外设计事故比例远高于中国,这一方面说明我国桥梁建设起步较晚,有更多成熟经验可以借鉴,设计理论相对成熟,另一方面也说明我国桥梁事故调查机制还有待完善,桥梁设计中存在的某些问题在事故调查中并未完全呈现出来。

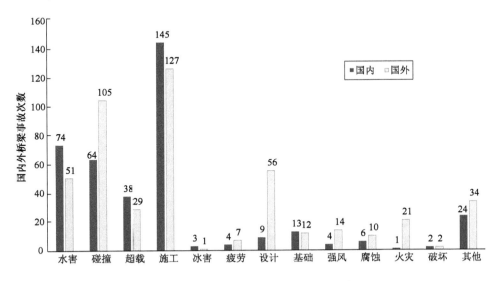

图4.11 国内外桥梁事故原因对比图

4.3.2 国内外桥梁人为、自然因素造成事故对比分析

统计人为和自然因素造成的桥梁事故数量和比例,如表4.1和图4.12所示。

国内外桥梁事故原因统计表　　　　　　　　　表4.1

分类	中国		国外		总计	
	事故数	比例(%)	事故数	比例(%)	事故数	比例(%)
人为因素	228	64.77	180	69.23	408	66.67
自然因素	106	30.11	71	27.31	177	28.92
其他	18	5.11	9	3.46	27	4.41

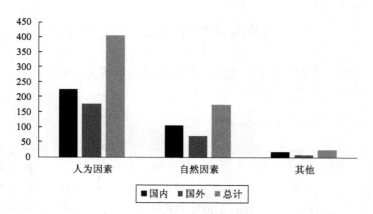

图4.12　国内外人为、自然因素桥梁事故对比图

从表4.1和图4.12可以看出,国内外桥梁事故原因(人为/自然)基本相同。人为因素比例大约是自然因素的2倍。因此,要保障桥梁结构的安全,除了通过各种措施减小和防范滑坡、泥石流、洪水等自然灾害对桥梁的损坏外,更为重要的是通过完善的制度、设计规范、管养措施和安全保障体系来减少人为因素对桥梁结构安全造成的风险。

4.3.3　国内外不同类型桥梁事故原因分析

1)不同桥梁类型的事故数量统计

国内外不同类型的桥梁(梁桥、拱桥、斜拉桥)的事故统计分析如表4.2和图4.13所示。

不同桥型安全事故统计　　　　　　　　　表4.2

项目	中国		国外		总计	
	事故数	比例(%)	事故数	比例(%)	事故数	比例(%)
拱桥	95	27.07	23	8.85	118	19.31
梁桥	197	56.13	153	58.85	350	57.28
斜拉桥	15	4.27	7	2.69	22	3.60
悬索桥	5	1.42	20	7.69	25	4.09
未知	39	11.11	57	21.92	96	15.71

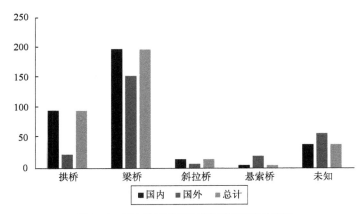

图 4.13 国内外不同类型桥梁事故统计对比图

从图 4.13 可见,国内外常规梁桥(跨度较小者)的事故次数最多,超过 50%,国内拱桥事故数量明显多于国外,而国外悬索桥事故数量和比例明显多于国内。同时,由于资料统计的原因,国外的未知结构类型数量多于国内。造成拱桥事故差异的主要原因是我国的拱桥的数量明显高于国外;造成悬索桥桥梁事故差异的主要原因是国外悬索桥发展较早于我国,我国现代悬索桥起步较晚,国外早期悬索桥事故由于设计经验不足以及运营时间较长经历桥梁事故风险较多等原因,导致国外桥梁悬索桥结构出现较多事故。

同时可以看出:

(1)中小跨度的常规桥梁即普通梁桥成为桥梁事故的主体,发生的桥梁事故类型涵盖了各个方面,其中以洪水、过载、施工中支架坍塌、船只碰撞以及设计原因的事故较多,一方面由于中小跨度的桥梁基数较大,间接影响了桥梁事故数量偏大;另一方面中小桥梁由于设计和施工相对简单,在施工和维护方面得不到足够的重视,也容易引发桥梁事故。

(2)较大跨度的桥梁如斜拉桥和悬索桥由于具有较高的技术含量,受到更多的重视及关注,在施工和维护阶段具有更好的安全储备,不易发生桥梁事故。斜拉桥发生的事故主要集中在碰撞、施工、设计和斜拉索的腐蚀这四个方面。悬索桥事故主要集中在过载事故和大风事故。

(3)拱桥作为桥梁结构较为普遍的桥型,基数较大,受到材料和跨度的限制,尤其在我国,在一些偏远及中等城市地区,得到了广泛使用,但这些拱桥多为 20 世纪 50～60 年代修建,承载能力无法适应现阶段的需求以及养护维修得不到重视,容易出现超载破坏以及结构老化的桥梁事故。同时,拱桥其自身的受力特点:拱脚位置是全桥的主要受力点,在桥梁长期使用过程中,拱脚位置受到河流的不断冲刷造成拱脚的破坏进而导致拱桥的坍塌,尤以河流汛期来临时较为严重。随着经济的发展,拱形设计现在已经越来越不适应运河运输的要求,现代船只普遍变大,数量增多,过桥时易与拱脚发生碰撞。因此,桥梁碰撞也是造成拱桥坍塌的一个重要因素。常规的石拱桥以及混凝土拱桥在施工过程中大多采用满堂支架的方法,由于拱桥在合龙之前尚未形成稳定的结构体系,结构支撑来自外部支持,所以,在施工中由于支架倒塌导致拱桥施工的失败也是非常普遍的现象。

2)梁桥和拱桥事故原因分析统计

针对我国事故比例最高的梁桥和拱桥,分别分析造成事故的主要原因,以利于辨识不同桥梁的事故源，提高桥梁安全保障的水平。

表4.3为国内外梁桥事故原因统计分析表。从表4.3可以看出，引起国内梁桥安全事故的主要原因是施工事故、碰撞事故、水利事故和超载事故，分别占到35.03%、22.34%、18.78%和9.14%；引起国外梁桥安全事故的主要原因同样是施工事故、碰撞事故、水毁事故和超载事故，分别占到30.86%、16.2%、16.29%和7.43%。国内外的数据统计无明显差别。因此，在桥梁的规划、设计、施工和管养中应该特别注意对三种风险的防范。

梁桥事故原因统计分析表　　　　表4.3

类型	中国		国外		总计	
	事故数	比例(%)	事故数	比例(%)	事故数	比例(%)
冰荷载事故	2	1.02	0	0.00	2	0.57
大风事故	3	1.52	5	3.27	8	2.29
地震事故	3	1.52	6	3.92	9	2.57
腐虫事故	3	1.52	3	1.96	6	1.71
超载事故	18	9.14	8	5.23	26	7.43
火灾事故	0	0.00	7	4.58	7	2.00
基础事故	5	2.54	3	1.96	8	2.29
碰撞事故	44	22.34	43	28.10	87	24.86
疲劳事故	0	0.00	0	0.00	0	0.00
设计事故	3	1.52	14	9.15	17	4.86
施工事故	69	35.03	39	25.49	108	30.86
水毁事故	37	18.78	20	13.07	57	16.29
蓄意事故	2	1.02	1	0.65	3	0.86
其他原因	8	4.06	4	2.61	12	3.43

表4.4为国内外拱桥事故原因统计分析表，可以看出，由于国外拱桥数量相对较少，事故数量也较少。引起国内拱桥安全事故的主要原因是施工事故、水毁事故、超载事故和碰撞事故，分别占到44.21%、15.79%、10.53%和8.42%。

拱桥事故原因统计分析表　　　　表4.4

类型	中国		国外		总计	
	事故数	比例(%)	事故数	比例(%)	事故数	比例(%)
冰荷载事故	0	0.00	0	0.00	0	0.00
大风事故	1	1.05	0	0.00	1	0.85
地震事故	3	3.16	0	0.00	3	2.54
腐虫事故	0	0.00	0	0.00	0	0.00
超载事故	10	10.53	1	4.35	11	9.32
火灾事故	1	1.05	1	4.35	2	1.69
基础事故	4	4.21	1	4.35	5	4.24
碰撞事故	8	8.42	2	8.70	10	8.47

续上表

类型	中国		国外		总计	
	事故数	比例(%)	事故数	比例(%)	事故数	比例(%)
疲劳事故	2	2.11	1	4.35	3	2.54
设计事故	3	3.16	5	21.74	8	6.78
施工事故	42	44.21	4	17.39	46	38.98
水毁事故	15	15.79	5	21.74	20	16.95
蓄意事故	0	0.00	0	0.00	0	0.00
其他原因	6	6.32	3	13.04	9	7.63

表4.5和表4.6为梁桥和拱桥事故损失程度的统计表,从表中可以看出对于梁桥而言,发生事故后,产生严重损失的较多、垮塌的较少;而对于拱桥而言,发生事故后,发生垮塌的多于发生严重损伤。这与梁桥和拱桥的结构形式有关,相对而言,梁桥的结构冗余度较大,构件发生损伤破坏后对整体结构的影响相对于拱桥而言小。因此,在桥梁结构的设计、管养中,应更加注意对拱桥构件的保护,减少和避免由于局部构件失效造成桥梁结构整体垮塌的情况发生。

梁桥安全事故损伤程度数目 表4.5

损伤程度	国内		国外	
	数目	比例(%)	数目	比例(%)
轻微损伤	10	5.08	11	7.19
中度损伤	31	15.74	4	2.61
严重损伤	104	52.79	64	41.83
垮塌	52	26.40	74	48.37

拱桥安全事故损伤程度数目 表4.6

损伤程度	国内		国外	
	数目	比例(%)	数目	比例(%)
轻微损伤	2	2.11	5	21.74
中度损伤	4	4.21	0	0.00
严重损伤	37	38.95	6	26.09
垮塌	52	54.74	12	52.17

4.4 小　　结

通过以上对桥梁安全事故的深度调查和分析工作,我们可以得出以下几点主要结论:
(1)在引起桥梁安全事故的基本原因中,无论国内还是国外,人为因素都是主要原因。
(2)国内桥梁事故在10～30年区间内的事故比例明显高于国外,我国桥梁安全保障形势严峻。

(3) 梁桥和拱桥是发生桥梁安全事故较多的桥型；对于梁桥，无论国内还是国外，发生安全事故造成垮塌和严重损伤的比例都很高；对于拱桥，无论国内还是国外一旦发生安全事故同样很容易造成垮塌和严重损伤。

(4) 在国内，施工因素造成的中度损伤和垮塌比例都很大；发生碰撞事故，桥梁发生严重损伤、中度损伤和垮塌的比例都很大；水利事故引起的桥梁垮塌和严重损伤所占的比例最大；由于过载因素引起的安全事故中，桥梁发生严重损伤的比例最大。

(5) 现阶段我国桥梁正处于高速发展阶段，桥梁事故时有发生，在设计、施工方面，监管部门的重视程度有待提高。同国外相比，我国在桥梁运营维护以及检测加固方面还有相当差距，主要表现在运营桥梁管理粗放、检测手段落后、欠缺对运营桥梁检测理论与实践的研究、预测和判断精度不高、对影响桥梁安全因素研究不透、还未建立一套完整的安全保障体系。因此，加强对运营桥梁的检测和加固理论的研究，研制更加实用、合理的检测软件以及更加精确方便的监测设备，建立完整的桥梁安全保障系统和技术系统是当前迫切需要进行的工作。

第5章 桥梁安全保障体系和适应性分析

桥梁是陆地交通基础设施中的重要组成部分,其期望的使用寿命约为百年,实际的使用寿命则长短不一。一般而言,随着桥龄的增长,因材料的自然老化、车辆荷载的增加、不利的环境影响以及养护维修的不当等因素的影响,一部分桥梁不可避免地会出现各种结构损伤或缺陷,这会导致结构的安全性和耐久性降低,使用状况不能满足规定的要求。

我国桥梁建设在改革开放后取得了长足进步,近10多年来的公路桥梁总量和增量如图5.1所示。

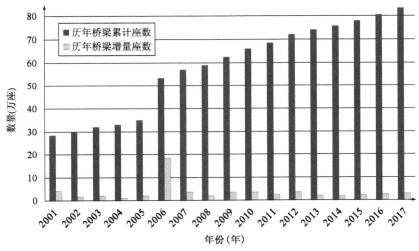

图5.1 2001—2017年我国公路桥梁总量和增量

与此同时,我们也应该清醒地认识到,我国既有桥梁的桥龄普遍不长,但其安全性、耐久性和适用性问题比较突出。据不完全统计,在公路网中,各类危桥数量达7.6万座,约占桥梁总数的10.5%,见图5.2,这间接说明我国桥梁开始迈向"建养并重阶段",既有桥梁养修任务将会日益繁重、艰巨。

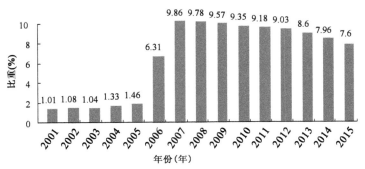

图5.2 2001—2015年危桥占当年桥梁总数的比重

影响桥梁结构安全的因素众多且错综复杂。本章分析我国桥梁现有的安全保障体系现状，并在前一章桥梁事故统计分析的基础上，指出我国桥梁安全保障体系存在的问题和待研究的方向。

5.1 我国桥梁结构安全保障现状

桥梁完整的生命周期包括规划、设计、施工、运营、管养、拆除或回收再利用；为保证桥梁在服役期正常使用，我国在设计、施工、运营、管养等各阶段都出台了相应规范和技术措施。但与发达国家相比还存在一定差距，为保障重大桥梁结构的安全，需要针对桥梁完整的生命周期建立合理的保障体系。

5.1.1 设计

桥梁结构设计是桥梁结构安全性的先天决定因素，设计主要依据相关规范进行，设计是保证桥梁结构安全的第一道屏障。我国桥梁建设已逐步实现从最基本的注重强度、刚度、稳定性的设计方法向注重全寿命周期成本及环保、景观、品质、耐久的现代设计理念转变。本节主要介绍我国公路、铁路桥梁结构设计规范体系，并与国外规范做了对比。

桥梁设计规范既包含了国家、行业对桥梁设计的政策、法规要求，又包含了桥梁建设成熟技术的总结。

1）设计水准

当前，国际上将结构概率设计法按精确程度不同分为三个水准，即水准Ⅰ、水准Ⅱ和水准Ⅲ。

（1）水准Ⅰ——半概率设计法

这一水准设计方法虽然在荷载和材料强度上分别考虑了概率原则，但它把荷载和抗力分开考虑，并没有从结构构件的整体性出发考虑结构的可靠度，因而无法触及结构可靠度的核心——结构的失效概率，并且各分项安全系数主要依据工程经验确定，所以称其为半概率设计法。

（2）水准Ⅱ——近似概率设计方法

这是目前在国际上已经进入实用阶段的概率设计法。它运用概率论和数理统计，对工程结构、构件或截面设计的"可靠概率"，作出较为近似的相对估计。我国《工程结构可靠度设计统一标准》（GB 50153—92）、《铁道工程结构可靠度设计统一标准》（GB 50216—94）以及《公路工程结构设计统一标准》（GB/T 50283—1999）等确定的以概率理论为基础的一次二阶矩阵极限状态设计方法就属于这一水准的设计方法。虽然这已经是一种概率方法，但是，由于在分析中忽略或简化了基本变量随时间变化的关系，以及确定基本变量的分布时受到现有信息量限制而具有相当的近似性；并且，为了简化设计计算，将一些复杂的非线性极限状态方程线性化，所以它仍然只是一种近似的概率法。不过，在现阶段它确实是一种处理结构可靠度的比较合理且可行的方法。

（3）水准Ⅲ——全概率设计法

全概率设计法是一种完全基于概率理论的较理想的方法。它不仅把影响结构可靠度的各种因素用随机变量概率模型去描述,更进一步考虑随时间变化的特性并用随机过程概率模型去描述,而且在对整个结构体系进行精确概率分析的基础上,以结构的失效概率作为结构可靠度的直接度量。这当然是一种完全的、真正的概率方法。目前,这还只是值得开拓的研究方向,真正用于实际还需经历较长的时间。

2)现行规范

(1)我国公路桥梁现行设计规范体系

我国公路桥梁系列规范既包含了国家对交通行业的宏观要求,也体现了交通行业约束自身健康发展的技术法规,同时还是建设成熟经验的总结,一般常说"成熟一条写一条",就是成熟的技术进入规范,而相对具有创新、独到且尚有争议、不成熟的技术一般不写进规范。

公路桥梁规范系列是公路工程规范体系的重要内容,具体划分如图5.3所示。

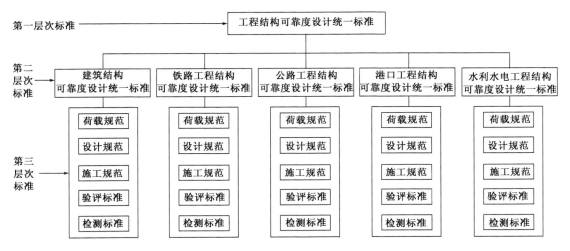

图5.3 工程结构规范体系

我国公路桥梁规范体系建立主要按照两条技术路线:一是和国家标准衔接;二是吸纳国内外桥梁建设成熟经验,在总结提炼的基础上编制公路桥梁建设规范。

目前,对公路桥梁系列规范有指导和约束作用的国家标准主要为《工程结构可靠度设计统一标准》和《公路工程结构可靠度设计统一标准》,这两本规范规定了规范理论必须采用极限状态法和分项系数法等,材料强度、作用(荷载)、抗力等分项系数必须通过概率统计以及可靠度分析来确定。在部分条款中还规定了一些分项系数的取值原则或具体取值规定。

我国公路桥梁现行设计规范主要有:

《公路桥涵设计通用规范》(JTG D60—2015);

《公路桥梁抗风设计规范》(JTG/T D60-01—2004);

《公路圬工桥涵设计规范》(JTG D61—2005);

《公路钢筋混凝土及预应力混凝土桥涵设计规范》(JTG 3362—2018);

《公路桥涵地基与基础设计规范》(JTG D63—2007);

《公路钢结构桥梁设计规范》(JTG D64—2015);

《公路斜拉桥设计细则》(JTG/T D65-01—2007)。

(2)我国现行铁路桥梁设计规范体系

①客货共线铁路桥涵设计规范。

a. 时速160km及以下客货共线铁路桥涵设计规范:适用于客货列车共线运行、旅客列车设计行车速度160km/h及以下、货物列车设计行车速度120km/h(转8A货车80km/h)及以下的Ⅰ、Ⅱ级标准轨距铁路。

本系列规范共5部分:

《铁路桥涵设计基本规范》(TB 10002—2017);

《铁路钢桥制造规范》(Q/CR 9211—2015);

《铁路桥涵钢筋混凝土和预应力混凝土结构设计规范》(TB 10002.3—2005);

《铁路桥涵混凝土和砌体结构设计规范》(TB 10092—2017);

《铁路桥涵地基和基础设计规范》(TB 10093—2017)。

b. 新建时速200公里客货共线铁路设计暂行规定(铁建设〔2005〕285号)。

适用于新建客货列车共线运行、旅客列车设计行车时速200km、货物列车设计行车时速120km铁路。

②客运专线铁路设计暂行规定。

a.《新建时速200～250公里客运专线铁路设计暂行规定》(铁建设〔2005〕140号)。

b.《新建时速300～350公里客运专线铁路设计暂行规定》(铁建设〔2007〕47号)。

③其他有关规定(不同速度的铁路桥涵设计均应遵守的规定)。

a.《铁路混凝土结构耐久性设计暂行规定》(铁建设〔2005〕157号)。

b.《新建铁路桥上无缝线路设计暂行规定》(铁建设函〔2003〕205号)。

c.《铁路工程抗震设计规范》(GB 50111—2006)。

3)国内外桥梁设计规范比较

为了解我国公路桥梁汽车荷载标准以及规范安全水平在国际上的地位,本次研究选取了我国规范、欧洲规范、美国规范和日本规范,分别从荷载水平、安全水平以及工程实例材料用量方面等方面进行了深入分析。

(1)汽车荷载比较

汽车荷载作为一种可变荷载,目前国内外规范均采用概率统计法确定标准值,从表述形式上看,各国桥梁设计规范已经基本放弃了车队模式而采用车道荷载模式,规范最终汽车荷载效应的计算包括基本车道荷载、冲击系数、纵横向折减系数、分项系数、组合系数及结构重要性系数等,按照汽车荷载效应的计算过程逐步比较各国规范的汽车荷载效应情况,如图5.4所示。

结果表明,我国规范的汽车车道荷载、车辆荷载标准值比美国略高;汽车荷载分项安全系数较低;冲击系数与横向折减系数有高有低、表达形式不一;考虑各系数后,小跨径、单车道桥车道荷载设计效应较各国规范均低。

(2)规范安全水平比较

单独对比活荷载标准值和分项系数及其组合,无法反映规范隐含的安全度,应与规范规定的结构抗力结合起来考虑。我国规范的汽车荷载设计效应偏低,国内外规范安全水平的比较结果显示:在承载能力极限状态,虽然我国设计汽车荷载作用效应低于美国和欧洲,但由于我国材料强度设计值取值较为保守,因此,在反映结构整体安全水平的可靠指标和规范隐含安全度方面,我国均比美国、欧洲规范高,如表 5.1、表 5.2 所示。

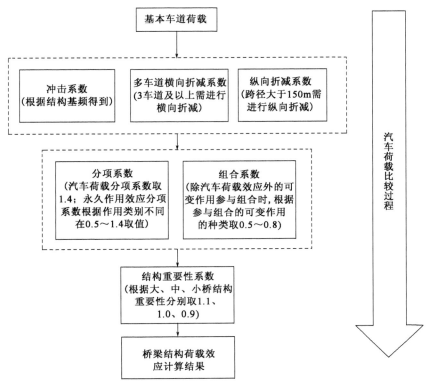

图 5.4　汽车荷载效应比较过程

中、美、欧公路桥梁设计规范的目标可靠指标　　　　　表 5.1

国家和地区	破坏类型	安全等级					
		一级		二级		三级	
		可靠指标	失效概率	可靠指标	失效概率	可靠指标	失效概率
中国	延性	4.7	1.3×10^{-6}	4.2	1.3×10^{-5}	3.7	1.1×10^{-4}
	脆性	5.2	1.0×10^{-7}	4.7	1.3×10^{-6}	4.2	1.3×10^{-5}
欧洲		4.2	1.3×10^{-5}	3.7	1.1×10^{-4}	3.2	6.9×10^{-4}
美国		可靠指标			失效概率		
		3.5			2.3×10^{-4}		

中、美、欧公路桥梁设计规范隐含的安全度　　　　　表 5.2

规范名称		由钢丝、钢绞线受拉破坏的构件	由钢筋受拉破坏控制的构件	由混凝土受压破坏控制的构件
中国规范	一级	2.14	1.75	2.11
	二级	1.95	1.60	1.92
欧洲规范		1.55	1.55	2.03
美国 AASHTO LRFD-2007		1.53	1.70	1.70

5.1.2 施工

由于所处地理位置和桥址环境复杂、施工技术、施工监管力度以及桥梁施工荷载变化,桥梁在施工中如果某一影响桥梁安全的因素欠考虑,则有可能引发桥梁事故。针对目前发生的类似灾难事故,加强施工监控和施工监管显得尤为重要。

施工监控主要有以下重要意义:

(1)研究施工过程中的应力变化和变形规律,验证设计理论。

(2)完善桥梁结构设计分析方法。

(3)确保各施工阶段安全性处于可控范围之中。

施工监管主要是监理单位和施工监管部门在施工过程中,恪守各自职能,严格按照施工规范和规程要求进行施工,确保桥梁工程和相关施工人员的安全。

1)桥梁施工监控

(1)国内外桥梁施工监控发展综述

大型桥梁结构在施工过程中,结构的内力状态与分布很难通过理论计算事先作出准确估计,总会有可能发生一些人们事先预计不到的情况,有些则是只有通过实际测试才能了解清楚,而结构在施工过程中的安全则要求有绝对保证。特别对于结构形式或地形条件比较复杂的桥梁,施工过程中结构内力状态的变化可能会相当大。施工监控的目的就是要在施工过程中,随时掌握结构实际状况,在理论计算的基础上,实际量测结构应力和变形,使之控制在安全的范围内,以确保结构安全和工程质量。施工监控工作贯穿于工程施工的全过程中,并与桥梁建成后的运营存在密切联系。对桥梁进行施工监控是桥梁施工质量和建设安全的重要保证措施,这能够保证监控工作系统全面地掌握施工过程中桥梁的受力、变形等力学性能,将监控结果反馈于施工中并更好地指导施工成桥后的受力状况;施工监控对于研究施工过程中的应力变化和变形规律、验证设计理论、完善桥梁结构设计分析方法具有十分重要的意义。

我国对桥梁实施监控还是较早的,1957 年在武汉长江大桥和重庆长江大桥施工过程中所做的应力和高程的监测、分析,实际上就是桥梁施工监测和控制的内容。但是系统地在施工过程中实施桥梁监控的历史并不长,最早的就要算日本了,他们首次系统地在桥梁施工过程中结合控制理论进行了施工监控。20 世纪 80 年代末,在 ChiChby 斜拉桥和横滨海湾斜拉桥建造时,日本建立了一个自动监控系统。这个系统是建立在计算机传输技术基础上的,用于调整斜拉桥拉索索力,它是通过自动采集数据,然后对参数进行精度分析,这样在分析结果时就能更准确地接近理想状态,就可以加快监测数据和理论值之间比较的速度,为安全、按期完成桥梁的施工起到重要作用。但由于计算机分析必须要在控制室进行,这样就受到架设电缆成本较高的影响,使其难以使用。不久之后,日木又研制出一套施工双控系统,这一系统的最大特点是在上述监测系统的基础上另外增加了测量参数和计算参数两个数据库。这样一来,因为这套系统在现场有计算所用的微机,监测人员就可以在施工现场完成测试和分析,然后当场反馈给施工单位信息,还可以对施工各个阶段进行结构状态的预测。

进入 21 世纪,各发达国家在监控系统方面又作出了重大突破。不仅在桥梁建造时实施监控,而且在桥梁中留下长期监测点,为运营阶段桥梁的养护提供监测数据,使相关单位可以尽早发现问题并进行维修或维护。而国内许多桥梁还是依赖理论的试验计算对桥梁运行期间的结构状态进行观察,但是仅仅通过这些理论和观察,根本无法识别危及桥梁安全运营的因素,也就不能作出预测。不过随着桥梁建设的发展,人们逐渐意识到长期监测对桥梁安全运营的重大意义,近些年我国在很多桥梁建成后也实施长期监测,但由于起步较晚,仍处于长期监测的初级阶段,还需要在监测理论、方法、设备方面进一步研究。

(2)国内外桥梁施工监控发展现状

随着计算机传输技术的快速发展,一些先进的传感器、信号传输技术和数据分析软件的建立,对桥梁施工监控事业的发展起了重大意义。国内外科研人员借助计算机技术的发展,在相关桥梁施工监控领域开展了广泛的研究工作,取得了重要成果。

桥梁施工监控主要研究内容如下:

①线形监测

尽管桥梁在施工过程中采用的材料或者施工工艺不尽相同,但是施工中结构变形总是存在的,而且变形还会受到外界和自身因素的影响,导致施工时结构实际位置容易偏移设计位置,在桥梁合龙时遇到困难,进而使桥梁线形不符合要求。由此可见,施工过程必须要进行监控,对施工中状态变化及时发现并处理,保证在桥梁合龙后实际位置和设计位置的误差在规范允许范围内。

施工线形是否符合设计要求的标准是误差容许值,只要实际位置与设计理论位置之间的误差在容许范围内,就可认为在工程验收时桥梁线形符合要求。这个误差受到桥梁本身和施工过程诸多因素的影响,因为还没有具体的最终几何状态误差容许值的统一规定,所以在各类型的具体施工过程中根据情况具体确定。为了确保最终成桥几何状态达到设计的几何状态要求,施工过程每个程序的误差容许值也需要进行预测制定。

②应力监测

施工过程结构应力是影响桥梁工程安全的重要因素,因此桥梁最终成桥结构应力状态必须要符合理论设计的状态。目前,桥梁施工监控在应力监测方面已经有了很大的进步,不论仪器还是计算方法都有了快速的发展。应力的监测在施工过程中是非常重要的,应力的变化比变形更难被发现,如果不能及时监测,施工安全得不到保障。

2)桥梁施工监管

施工监管主要是监理单位和施工监管部门在施工过程中,恪守各自职能,严格按照施工规范和规程要求进行施工,确保桥梁工程和相关施工人员的安全。

目前,我国施工方面的规范主要有:

(1)公路施工规范

《公路工程质量检验评定标准 第一册 土建工程》(JTG F80/1—2017);

《公路工程施工监理规范》(JTG G10—2016);

《预应力混凝土桥梁预制节段逐跨拼装施工技术规程》(CJJ/T 111—2006);

《公路桥涵施工技术规范》(JTG/T F50—2011);

《公路工程施工安全技术规范》(JTG F90—2015)。

(2)我国铁路桥梁现行施工规范

《高速铁路桥涵工程施工技术规程》(Q/CR 9602—2015);

《铁路桥梁钻孔桩施工技术指南》(Q/CR 9212—2015);
《铁路桥涵工程施工安全技术规程》(TB 10303—2009);
《铁路桥涵工程施工质量验收标准》(TB 10415—2003)。

5.1.3 运营

运营期间桥梁结构安全主要体现在两方面,一是桥梁安全运营管理。桥梁管理部门需要合理组织、落实责任制,对辖区范围内所有桥梁,特别是重大桥梁的安全隐患排查,严禁超限超载运输车辆上路过桥。二是对重大桥梁结构建立健康监测系统,长期、实时监测桥梁结构的响应,并评估其安全状况、作出养护管理决策,保证桥梁正常服役,安全地完成其使命。

1) 桥梁检测和状态评估

状态检测的定义是通过检测结构的应力、应变、温度等特征参数,然后将数据结果与正常运营下结构的状态数值做对比来评判结构是否处于正常运营状况。状态检测方法大致上认为有两种,分别为局部检测和整体检测。前者是对桥梁局部构件进行详细检测,目的是了解该部位的力学行为以及劣化程度;而后者则是从全桥方向来掌握结构的实际状态。桥梁结构状况的主要检测方法见表5.3。

桥梁结构状况的检测方法　　　　表5.3

检测方法	检测介绍
表观检测	采用目测的方法对其进行表观检查;以绘图或照片的方式来记录劣化部位;建立桥梁基本信息的数据库;依照规定的权重比例来计算桥梁评估分数
局部检测	运用非破坏性检测手段,对破损严重需要重点检测的桥梁进行桥检,并判定其损伤等级
静态检测	可检测出桥梁挠度、应变等指标参数;分析可得到构件的承载力、强度等特性,见图5.5
动态检测	能测出桥梁动力方面的特性;还可进行桥梁的状况评估、抗风性能、疲劳方面的试验等,见图5.6

图5.5　桥梁的静载试验

图5.6　桥梁的动载试验

(1) 桥梁结构病害诊断方法

病害诊断可以说是比状态检测更高层次的技术,既要判断桥梁是否处于健康工作状态,又要对病害发生的位置、劣化程度以及产生原因等作出评判。可以认为，状态检测是前提，病害诊断是对状态检测的深入。

(2) 结构的安全检测

结构的安全检测主要有病害特征提取、病害分离和评估及病害评价和对策三部分内容，结构安全检测的流程如图 5.7 所示。

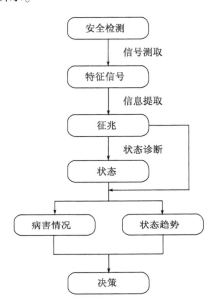

图 5.7　结构安全检测流程图

① 病害特征提取：通过对结构进行检测和数据处理来获得反映结构特征信息的过程。

② 病害分离和评估：根据已记录的不同病害的表观特征来判断桥梁是否已经出现病害以及产生原因的过程。

③ 病害评价和对策：根据病害评估的结果来对该结构病害的严重程度进行分级，并判定是否需要对其进行加固，如果需要，制订相应的加固补强措施。

通过该流程图可以建立桥梁病害的预警系统，提前预判桥梁结构的灾害方向。

许多早期修建的桥梁结构在荷载、外界环境侵蚀作用下，混凝土会出现保护层剥落、钢筋锈蚀、冻融破坏等劣化现象，使结构的强度和刚度大幅下降。

(3) 桥梁检测内容

桥检的内容主要有材料检测、地基基础检测以及上部结构检测三方面。

材料检测：包括砂浆和混凝土等的检测。对于钢筋混凝土桥梁，该项内容包含测量组成材料的强度、腐蚀和损伤状态等。

地基基础检测：包括地基承载力、桩基的检测等。可用钻芯法等来检测成桥的地基。

上部结构检测：包括梁材料质量、支座、伸缩缝等主要和次要设施的检测。一般先通过初查来判断桥梁的安全等级，再根据有关部门的要求对其进行必要的荷载试验。

(4) 混凝土强度的检测方法

检测混凝土强度的方法一般包括以下几种：

①回弹法

采用回弹仪等相关设备来测试混凝土的抗压强度。

②超声波法

该方法就是利用超声波速与混凝土的弹性性质相关,而弹性性质在一定程度上能反映强度,依次来用该方法来测定混凝土的强度。

③超声—回弹综合法

该方法是同时采用超声波法和回弹法来对同一位置的混凝土强度进行测量,能够相互弥补彼此的缺陷。

④钻芯法

该方法是采用钻心机等设备直接在混凝土结构上钻取芯样,通过测试芯样的强度来推算整个结构的强度以及存在的缺陷的方法。这种方法简便、精度高,是国内外应用广泛的一种半破损检测的有效方法。

⑤拔出法

拔出法是通过拔出安装在混凝土内部的锚固件来测出其极限抗拔力的过程,并通过理论的极限抗拔力与混凝土强度之间的关系式来推断出混凝土强度的方法。

(5)材料缺损的检验

材料缺损状况是指桥梁混凝土裂缝、钢筋锈蚀等缺陷的严重程度,混凝土结构中比较普遍的缺损有裂缝、孔洞、钢筋锈蚀等。它是评定桥梁技术状态的重要指标,也是决策人员选择养护对策,进行项目排序的依据。

①表观目测

可借助合适的工具来对构件外漏的缺陷进行目检。

②超声波探伤技术

用超声波探伤技术来检测钢材焊缝和混凝土构件内存在的裂缝、孔洞等。

③声波检测法

采用锤等工具来敲打构件,通过听传出声音的差异来判定混凝土结构是否有缺陷的方法。

④雷达检测技术

使用脉冲雷达的电磁波法可以检测具有沥青覆盖层的混凝土桥面板。

桥梁的安全评估是指通过对桥梁结构的桥检、分析来作出损伤程度、承载能力是否需要加固补强等方面的鉴定,其目的是通过对桥检数据的对比分析来预测桥梁的病害趋势、剩余寿命等内容。桥梁安全评估流程如图5.8所示。

(6)桥梁安全性评估的主要内容

承载能力评估:桥梁各个构件在强度、刚度方面是否满足我国规范的相关规定和荷载等级的要求。

耐久性评估:对桥梁结构材料的耐久性以及抗疲劳性能的评定,并预测其剩余寿命。

适用性评估:主要指车辆通过桥梁时的安全性和乘客的舒适度等内容。

(7)桥梁的安全性评估方法

桥梁安全评估时通过对桥检结果的分析计算来得到桥梁的整体安全性能的方法。桥梁的安全性评估常见方法见表 5.4。

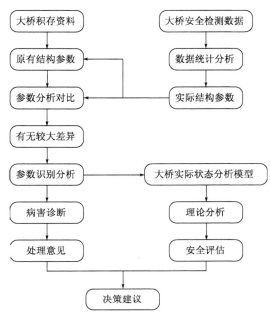

图 5.8　桥梁安全评估步骤图

桥梁的安全性评估常见方法　　　　　　　　　　　　　　　　　表 5.4

评估方法	方　法　概　况
基于外观调查法	①由经验丰富的技术工程师来详细检查桥梁,并分析数据; ②不能定量评估损伤状态,且易产生误差
专家经验评定法	①主要包括专家系统和专家意见调查这两种方法; ②前者借助计算机来模拟专家的意见,综合评估桥梁; ③后者则通过直接收集、分析、提炼专家建议来评估桥梁
层次分析法	①认为结构安全的因素有主从关系; ②评估时主要、次要因素都要考虑,并分清主次
模糊综合评定法	①先建立各因素对结构安全的函数; ②应用模糊数学对单因素进行分析,再用层次分析法决定各因素的权重比例,最后对其进行综合评价
基于设计规范的方法	收集设计、施工等原始资料,根据设计规范的要求来对桥梁的损伤级别进行评定
基于结构可靠性理论的方法	计算结构的可靠指标 β 与目标可靠指标 β_T 进行对比
基于损伤力学和疲劳断裂的方法	用损伤能量释放率来判定混凝土结构的失效,目前仍需要试验和理论上的支持

随着新规范对桥梁的安全性和耐久性要求越来越高,就必须有效合理地评估桥梁的安全状态,目前桥梁的安全检测方面还有许多研究需要完善。

①设计结构时模型的局限,如模型中采用的非线性本构与实际结构的塑性关系的差异,使设计结果往往与实际服役桥梁的发展相差甚远。因此,以后的桥检应完善检测手段,通过检测数据拟合出混凝土本构关系并为桥梁设计提供依据。

②国内应积极发展类似于美国的贝叶斯预测技术的桥梁性能数据库管理系统,通过融合先前的桥检测数据和结果,建立桥梁预测模型并应用到未来桥梁的衰变中,并可随时添加新的桥检数据,以完成数据库的实时更新。

③由于观测数据受到观测水平、仪器精度等方面的影响,数据的精准度还需要进一步提高。

④应当加强桥梁检测的相关工作,桥梁养护向专业化方向发展,完善专业化的施工队伍,使加固与维修更加成熟,投入更多的加固维修专业人员。

⑤优化桥梁安全评估的手段和方法,归纳总结出简单、相对统一的评估方法,为制订桥梁养护维修计划提供依据。

⑥应加大桥梁病害的普查力度,定期对管辖范围内的桥梁进行诊断,提高检测频率,建立桥梁病害的预警系统,对提前预判桥梁结构的灾害方向具有重要意义。

2)桥梁健康监测系统

大型桥梁是国家或地区的交通命脉,它耗资巨大,一旦发生桥梁坍塌事故,将造成重大的人员伤亡和巨大的经济损伤,并且带来恶劣的社会影响。为了及时掌握大型桥梁的性能退化,防止突发性的坍塌事故发生,应用科学的方法对大型桥梁进行健康监测是极为必要的。

(1)桥梁安全监测系统研究综述

随着使用年限增长、环境条件变化、材料性质退化、突发事件(车船撞击、地震、飓风等)、疲劳等因素影响,桥梁结构性能都会经历一个逐渐衰减的过程,当桥梁发生各种病害、构件损伤或构件局部破坏等情况时,则需要对此类桥梁进行必要的运营阶段监测,其目的在于在保障桥梁安全运营的前提下,为下一步的结构维修或加固提供决策依据。与新建桥梁施工监控技术相比,对于服役年限较长且发生各种病害的桥梁进行运营阶段的使用性能监测,需要考虑的监测内容和对象都存在很大的不同,因此针对目前我国桥梁的现状开展既有桥梁运营阶段的安全监测技术研究具有一定的实际意义。

目前,桥梁结构健康监测成为国际上的研究热点,大量的研究成果纷纷涌现,大量研究论文公开发表,其内容包括智能传感器、传感器的优化布置、数据的无线传输、损伤识别方法、桥梁状态评估、桥梁生命周期管理养护等。桥梁现有安全性评估方法所采用的理论主要有可靠度理论、层次分析法、模糊理论、神经网络以及专家系统等。

(2)国内外桥梁安全监测系统研究现状

随着建设数量与规模的不断扩大,为了使系统能够有效发挥监测、诊断、评估、预警等的预期目标,国内外科研人员在相关技术领域开展了广泛的研究工作,主要研究方向及现状如下:

①传感与测试技术:在桥梁传感与测试技术领域主要开展了三个方面的研究工作。首先,是针对既有测试手段开发新型传感器,使之适应桥梁监测对设备耐久性、稳定性的需求,例如光纤、光栅应变传感器就是利用应变测试的原理开发出来的,比振弦应变传感器等具有更好的耐久性、稳定性。其次,是应用其他领域的成熟技术监测桥梁的参数指标,以满足桥梁监测对实时性的需求,例如GPS/北斗卫星定位技术应用于桥塔、主梁等的大变形监测。最后,是针对

桥梁安全监测对某些参数指标的需求研发专用的监测设备,例如连通管原理的静力水准仪就是为了满足对桥梁下挠及整体线形的监测需求而专门研制的。

此外,针对区域路网桥梁的结构特点和实施条件,研发了低能耗、兼容性好、适于远距离测控的桥梁无线监测设备,满足了无电源供电、无网络通信桥梁的监测需求。

②网络传输技术:桥梁安全监测预警系统的网络传输主要包括有线传输和无线传输两个部分,其中有线传输技术已相对成熟,有关研究主要集中在无线网络传输上,如无线网络协议、自适应组网技术等。

③损伤识别与模型修正:损伤识别与模型修正是进行桥梁结构状态评估的基础,是结构安全监测预警系统的核心。目前提出的结构损伤识别方法主要分为以下几类:基于固有频率的损伤识别方法、基于振型的损伤识别方法、基于神经网络的损伤识别方法、基于刚度阵和柔度阵的损伤识别方法、基于位移和应变参数的损伤识别方法、基于模型修正的损伤识别方法、基于遗传算法的损伤识别方法、基于计算智能的损伤识别方法、基于小波分析的损伤识别方法以及基于概率统计信息的损伤识别方法。

④状态评估与预警:桥梁结构状态评估就是根据所采集的桥梁技术状况数据,利用一系列评价指标和评价模型,对桥梁结构的状态是否满足其使用要求和功能要求的程度作出判别,主要包括综合评估法和可靠性评估法两大类。

综合评估法主要是应用层次分析法将影响桥梁结构状态的因素层次化,形成一个多层的、每层包含若干组指标的体系,先确定底层各指标的状态,再应用综合评估的计算方法计算出其他各层指标的状态,主要方法有常规加权综合法、层次分析法、模糊理论方法、专家系统法以及智能方法等。

(3)我国与国外桥梁安全监测系统比较

美国在20世纪80年代中后期,开始在多座桥梁上布设监测传感器,如佛罗里达州的Sunshine Skyway斜拉桥安装了500多个各类传感器,用来测量桥梁建设过程中和建成后桥梁的温度、应变及位移。英国在20世纪80年代后期,开始研制和安装大型桥梁的检测仪器和设备,研究和比较了多种长期监测系统的方案,并在爱尔兰Foyle钢箱梁桥安装了监测系统。该系统的主要监测项目包括主梁挠度、气象数据、温度、应变等,试图探索一套有效的、可广泛应用于类似结构的监测系统。希腊的Halkis桥于1994年安装了有48个通道的振动加速度传感器的测振系统。丹麦曾对总长1726 m的Faroe跨海斜拉桥进行施工阶段及通车首年的监测;在Great Belt Bridge的结构安全监测系统中,安装了近200个各类传感器,对桥梁结构的温度分布、结构沉降、位移、振动等进行监测。英国的Flint Shire独塔斜拉桥、美国的Benicia-Martinez钢桁架桥、挪威的Skarmsundet斜拉桥、墨西哥的Tampico斜拉桥、加拿大的Confederation连续刚构桥等也安装了不同规模的结构安全监测系统。在亚洲,日本的明石海峡大桥、濑户内海大桥、柜石岛桥主要安装了风速仪、加速度传感器、位移计等,对于桥梁结构的气候环境、振动、结构沉降等进行监测。

我国目前已在包括江阴长江大桥、南京长江二桥、润扬长江大桥、郑州黄河大桥、钱江四桥、芜湖长江大桥、苏通大桥、阳逻长江大桥、贵州坝陵河大桥、杭州湾跨海大桥、深圳西部通道等众多桥梁在内的大跨径桥梁上建立了不同规模的健康监测系统。另外,青马大桥、汲水门大桥和汀九大桥上已安装了目前世界上规模最大的实时安全监测系统,3座桥梁共安装了800

多个各类传感器,对桥梁在各种荷载作用下的结构状况、环境状况进行全面的监测,并对监测数据进行分析处理。而包含大约1271个各类传感器的昂船洲大桥结构健康监测系统是世界上最具规模的大桥实时监测系统。

总体来看,我国的桥梁健康监测系统目前已初具规模,且一定程度上在桥梁的运营管理中发挥了积极作用,但与美国、日本等先进的桥梁健康监测系统相比,总体效果不甚理想,系统利用率低、对桥梁管养工作指导性较差。主要存在以下几个方面问题:

①缺乏统一标准。主要体现在我国桥梁健康监测行业仍无统一的标准和规范,在设计、实施、验收等方面均无据可依,造成行业的无序发展,导致监测项目设置针对性不强、市场准入门槛过低、建设质量参差不一以及由此引起的后续诸多问题的出现。

②技术成熟度不高。主要体现在针对部分结构缺乏有效的监测手段、现有部分监测设备稳定性与寿命不高、系统欠缺整体可靠性等方面。

③海量数据堆积。主要体现在通过健康监测系统采集得到的大量原始数据得不到妥善的处理与利用,造成海量数据的堆积与资源的浪费。

④评估方法不成熟。主要体现在目前仍未形成成熟有效的利用监测数据对结构进行损伤识别与状态评估的方法,造成系统实际应用价值与贡献程度降低。

⑤与桥梁养护脱节。主要体现在桥梁健康监测系统与养护管理结合不紧密,无法有效指导桥梁养护管理工作,造成健康监测系统游离于桥梁运营管理。

⑥系统维护与管理水平不高。主要体现在使用单位对健康监测系统的重视程度不够,同时又缺乏进行系统维护与管理的经验及专业性,造成系统的不稳定、故障甚至瘫痪等诸多问题的出现。

3)桥梁安全运营监管

桥梁运营期间安全面临着诸多威胁,公路桥梁超载是一个十分突出的问题,近年,许多桥梁因为超载而垮塌,严重威胁桥梁结构安全,管理部门有不可推卸的责任。

(1)桥梁安全运营监管研究综述

桥梁运营阶段存在着诸多的不确定性因素,运营过程的任一突发事件,都会极大降低桥梁生命周期内的安全性,导致桥梁安全事故的发生,威胁桥梁运营安全。世界范围内,由于各种因素导致的桥梁运营安全事故屡见不鲜。如辽宁熊岳大桥水毁事故(2006年)、美国Tacoma大桥风毁事故(1940年)、帕劳Koror-Babeldaob桥过度加固坍塌事故(1996年)、美国Kanauga大桥超长服役垮塌事故(1967年)、天津津晋高速公路港塘互通A匝道桥超载车辆压垮事故(2009年)、广东九江大桥船舶撞击引桥落梁事故(2007年)等。各类桥梁事故的发生,造成了巨大的生命和财产损失。

面对桥梁运营期的各种安全风险,世界各国相继开展了应对桥梁的安全管理的研究。由中国公路学会承办的中国科协第270次青年科学家论坛于2013年12月7~8日在北京举行,论坛主题为在役桥梁安全运营保障;由国际桥梁维护与安全协会主办,同济大学承办的第七届国际桥梁维护、安全与管理会议(IABMAS 2014),于2014年7月在上海召开,会议旨在为桥梁维护、安全和管理领域内的杰出研究成果提供一个整合、交流、提升的平台,理论联系实际,加强领域合作;国际桥梁管理大会(International Bridge Management Conference,IBMC),由交通运输研究协会(TRB)举办,每4年一次。

(2)国内外桥梁安全运营监管研究现状

美国在桥梁安全检查与维护方面已经形成了以国家桥梁检查标准(NBIS)为指导、以桥梁评定技术指南为保障的完善的安全运营管理规范体系,其对长大桥梁检查的详细技术要点、管理要求等方面的条文较为详尽,可操作性强,部分条文上升到法律层次,加大了管理力度,提高了桥梁管理的规范性水平。因此,尽管美国的现行标准、规范并未涉及长大桥梁的责任划分、安全检查、预警、应急处置等方面的要求或规定,但其桥梁安全检查管理体制与技术要点对我国长大桥梁安全运营管理规范体系建设具有重要指导意义。

与美国现行较为完善的桥梁安全检查与评定标准规范体系相比,我国在桥梁安全检查与评定的规范体系建设方面较为薄弱,仅形成了一般性的行业规范,目前可参照的规范、标准仅有《公路桥涵养护技术规范》《城市桥梁养护技术规范》以及《公路桥梁养护管理工作制度》等,尚未制定国家级具有法律效力的长大桥梁安全运营管理办法,而技术规范或评定规程只是从技术层面规定了桥梁安全检查的方法、内容与要求,缺少约束与规范长大桥梁安全运营管理的规定或制度,远远不能满足长大桥梁安全运营管理的需要。

现行《公路桥涵养护技术规范》,在总则中规定了适用范围为国道、省道和县道,其他公路可参照使用。同时,规范从八个方面明确了桥涵养护工作的主要工作内容及基本要求,包括检查及评价、采集更新桥梁数据、保养、维修和安全防护、加固改造、环保、防灾、建立档案和数据库等。桥梁养护技术规范本着"预防为主,防治结合"的原则,提出了以桥面养护为中心、以承重部件为重点的桥梁全面养护理念,详细规定了桥梁上部结构、下部结构、跨线桥与高架桥、漫水桥、调治构造物、涵洞等构造物的养护与维修加固内容。同时,规范涉及了桥梁抗震加固、超重车辆过桥以及桥梁灾害防治与抢修等内容。根据桥梁养护技术规范,桥梁检查可分为经常检查、定期检查和特殊检查三类,规范同时规定了各类桥梁检查的周期。

《城市桥梁养护技术规范》(CJJ 99—2017)于2018年2月1日正式实施,规范明确规定城市桥梁养护包括六项内容,即巡查、检测、日常保养、维修、加固及改扩建、建立档案资料等。与公路桥梁不同,根据桥梁在路网中所处地位的不同,城市桥梁养护技术规范把城市桥梁划分为5个养护类别。其中,Ⅰ类养护的桥梁包括特大桥、特殊结构桥;Ⅱ类养护的桥梁包括快速路路网上的桥梁;Ⅲ类养护的桥梁为城市主干路上的桥梁;Ⅳ类养护的桥梁为城市次干路上的桥梁;Ⅴ类养护的桥梁为城市支路和街坊路上的桥梁。根据不同的养护类别,本着"保证重点,养好一般"的原则,把城市桥梁划分为3个养护等级。与公路桥涵养护规范相似,城市桥梁的检测评估分为经常性检查、定期检查、特殊检查等三类,其含义与公路桥梁养护规范略有不同。

在长大桥梁安全运营管理制度方面,国内可参考的相关制度、办法较少。现行的《公路桥梁养护管理工作制度》是公路桥梁养护管理工作的重要指导性文件,该制度在强调"统一领导,分级管理"的公路桥梁养护管理模式下,重点包括以下内容:

①根据"事权一致、责任清晰"的原则,规定了不同层次辖区公路桥梁养护管理的管养单位和监管单位,明确责任主体,强化管养责任与监管责任。

②加强桥梁养护专业技术人员保障,全面实施桥梁养护工程师制度。建立各级公路桥梁管养单位、监管单位等多层次的桥梁养护技术人员组织管理体系,明确不同层级桥梁养护工程师的职责与任职资格。

③从管理层面明确了公路桥梁经常检查、定期检查和特殊检查的要求以及技术状况评定

等级的划分方法，使其符合现行《公路桥涵养护技术规范》的规定；进一步明确桥梁检查与评定的责任主体，规定了特大桥、特殊结构桥梁和单孔跨径60m及以上桥梁的监测和特殊检查的相关要求，并规定特殊检查应委托具有相应资质和能力的检测机构。

④参照《公路养护工程管理办法》《公路桥涵养护技术规范》中的有关要求，按照"管养分离、事企分开"的原则，从桥梁养护工程的组织实施、招投标、规范养护工程市场、施工管理、信息报送等方面，对交通主管部门、桥梁管养单位、养护工程施工单位提出了不同的要求，初步提出了养护工作的市场化与管理方式的转变要求。

⑤强化技术档案管理要求，明确桥梁管养单位和监管单位应建立、健全技术档案管理制度，将公路桥梁技术档案分为桥梁基础资料、管理资料、检查资料、养护维修资料、特殊情况资料五类，并对每类资料所包括的内容作了详细规定。同时，提倡使用公路桥梁管理系统，实现电子化管理，特大型桥梁建立单独的档案管理系统和养护管理系统。

⑥明确了"条块结合、以块为主"的应急处置管理工作原则，以及交通主管部门和桥梁管养单位的工作职责及有关信息报送要求。

⑦明确了各级交通主管部门、公路管理机构对公路桥梁养护所履行的监督检查职责，并具体规定了监督检查的主要内容和对所发现问题的处理要求。

显然，现行《公路桥梁养护管理工作制度》对桥梁养护管理工作做了较为详尽的规定，且在实践中证明是可行的，是制定长大桥梁安全运营管理办法的重要依据。然而，由于养护管理工作制度是以常见的中小跨径桥梁的养护管理为对象，且主要规定了公路桥梁的养护管理制度，强调的是以规范的养护管理制度促进桥梁的安全运营，而对桥梁安全运营方面的管理规定涉及不多，对长大桥梁的安全检查与运营管理更是少之又少，仅在养护检查与评定一章涉及特大桥、特殊结构桥梁和单孔跨径60m及以上的大桥，显然无法涵盖长大桥梁安全运营管理的全部内容，特别是在日常安全运营管理、安全预警制度、应急与事故处理等方面缺少必要的措施，因此，有必要针对长大桥梁的实际需求，开展系统的长大桥梁安全运营管理对策研究，并由此制定针对性和可操作性更强、内容更为详尽的长大桥梁安全运营管理制度。

综上所述，我国在桥梁安全检查与评定方面已建立了较为完善的规范体系，可以基本满足从养护检查到承载能力鉴定等不同层次的需要，然而，由于缺乏国家宏观层面的长大桥梁安全运营管理办法，我国在长大桥梁安全运营管理水平方面参差不齐，特别是安全运营过程中涉及大量的责任划分问题，如桥下航道的安全管理、应急事件的交通组织或管制、桥梁设施的保护、应急事件的联动协调等等。有些涉及不同的行业的协调，有些涉及行政执法的许可，如交通管制属于公安交警部门，而桥梁设施的保护又属于路政管理部门，桥下的航道安全问题属于航道管理部门等。由此可见，长大桥梁安全运营管理是一项涉及多个部门、多个行业的复杂工作，现有的管理办法与管理模式已难以指导长大桥梁的安全运营，急需从交通运输主管部门的宏观管理层面研究长大桥梁安全运营管理对策，在明确管养单位管养责任的基础上，进一步梳理各监管层级的监管职责和协调职责以及管养单位的管养职责，以达到规范长大桥梁安全运营管理的目的。

(3) 国内外桥梁安全运营监管比较

与美国以国家桥梁检查标准(NBIS)为指导、以桥梁评定技术指南为保障的完善的安全运营监管体系相比，我国长大桥梁安全运营管理还存在较大差距。

由于制约长大桥梁的安全因素较多,影响机理更是错综复杂,仅按《公路桥梁养护技术规范》以及《公路桥梁养护管理工作制度》难以指导长大桥梁安全运营管理工作。同时,尽管国内在长大桥梁安全运营管理方面做大了大量的探索,但由于国内公路管理体制、管理制度等方面相对滞后,目前国内尚未形成完善的长大桥梁安全运行管理组织体系,致使职责划分不清,制约了长大桥梁安全管理标准化与规范化水平。针对长大桥梁安全运营管理的特点,现有规范、制度存在的主要问题可归纳如下:

①安全运营管理职责不清,管理力度不够。
②技术力量薄弱,难以发挥管理职能。
③管养单位设置形式多样,管理效果参差不齐。
④层级监督体制不完善,监而不管现象突出。
⑤安全运营监管部门相互协调力度不够,联动机制不完善。

5.1.4 管养

桥梁管养的目的在于"有病早治""没病预防",及时调查修复桥梁结构病害,确保公路运行状况始终处于良好状态。本节重点介绍了我国公路、铁路桥梁管养体系,以及国外典型桥梁管养体系。

1)桥梁管养安全保障制度和措施

为加强公路桥梁和养护管理工作,保持桥梁处于正常使用状态,保证行车畅通、安全,我国在管养方面出台了一系列桥梁安全保障制度和措施。

(1)公路桥梁管养安全保障制度和措施

我国现行的公路管理体制,按照"统一领导、分级管理"的原则建立起来,公路建设、养护和管理的事权均以地方为主。总体来看,已经形成中央、省、地、县四级较为健全的公路管理体系,各地的公路管理机构设置、运行模式均有不同程度的差别,不尽相同(图5.9)。

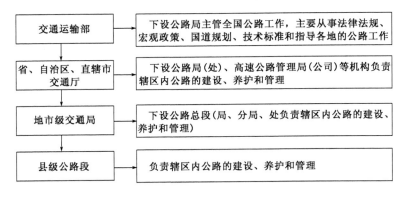

图5.9 我国桥梁管理体制

桥梁后期的管养制度是保证桥梁使用安全的基本制度基础,根据《中华人民共和国公路法》以及各部委颁布的管理条例,形成了如图5.10所示的桥梁管养方基本措施和制度。

我国目前的桥梁管养方面的法律、法规、管理制度包括:

《中华人民共和国公路法》;

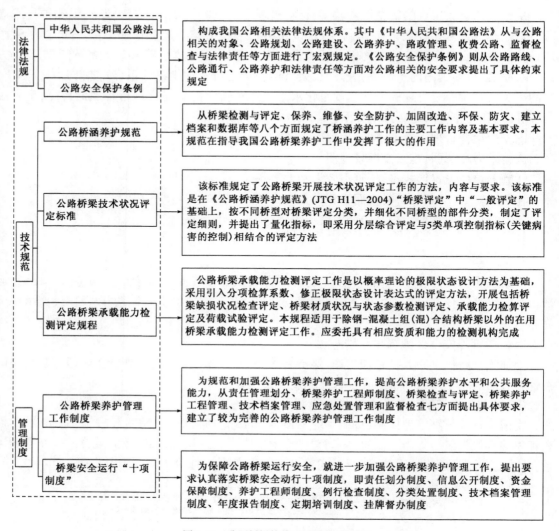

图 5.10 我国桥梁管养法规、制度和措施

《公路安全保护条例》；
《公路桥梁养护工作制度》(1999 年制定,2007 年修订)；
《交通运输部关于进一步加强公路桥梁养护管理的若干意见》(交公路发〔2013〕321 号)。
除了法律法规与管理制度,合理的技术规范体系也是保障桥梁使用安全性的基本要素,我国在桥梁管养方面的技术规范主要包括:

《公路桥涵养护规范》(JTG H11—2004)；
《公路桥梁技术状况评定标准》(JTG/T H21—2011)；
《公路桥梁承载能力检测评定规程》(JTG/T J21—2011)；
《公路桥梁加固设计规范》(JTG/T J22—2008)；
《公路桥梁加固施工技术规范》(JTG/T J23—2008)；
《公路养护工程质量检验评定标准》(DGT/J 08-2144—2014)；

《公路桥梁荷载试验规程》(JTG/T J21-01—2015)。

我国从20世纪70年代开始了对旧桥加固改造技术的研究。在"六五"期间,对公路旧桥的检测、评价和加固方法进行了广泛的研究和工程实践,取得了较好的社会效益和经济效益。"七五"期间,交通部适时地将"旧桥检测、评价、加固技术的应用"列为1989—1990年科技"通达计划"项目,在这一过程中先后颁布了《公路养护技术规范》(JTJ 073—85)、《公路养护技术规范》(JTJ 073—96)和《公路桥涵养护规范》(JTG H11—2004);2008年8月,交通运输部颁布了《公路桥梁加固设计规范》(JTG/T J22—2008)和《公路桥梁加固施工技术规范》(JTG/T J23—2008)。近年来,为了适应新形势的要求,将《公路桥涵养护规范》中桥梁评定内容编写为《公路桥梁技术状况评定标准》,单独成册,于2011年11月生效。这些规范对公路桥梁的养护、检查、评定、加固技术都做了较全面的说明(图5.11)。

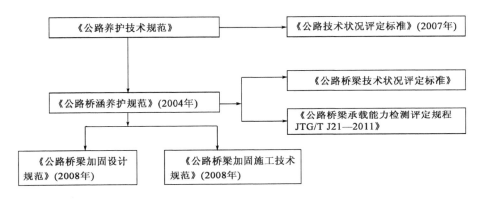

图5.11 现有的桥梁检测、评定与加固规范/规程体系

桥梁养护检测与监测是保障桥梁营运过程安全的重要措施。依据规范进行的桥梁定期检测是目前保障桥梁营运期安全的重要制度和措施。另外,交通运输部"关于进一步加强公路桥梁养护管理的若干意见"(交公路发〔2013〕321号)文件明确指出:特大、特殊结构和特别重要桥梁的管养单位,要利用现代信息技术,建立符合自身特点的养护管理系统和健康监测系统。桥梁监测已作为定期检测的重要补充措施,得到了行业内的广泛应用。

依据《中华人民共和国公路法》《中华人民共和国安全生产法》《中华人民共和国道路交通安全法》《公路桥梁养护管理工作制度》,为有效应对公路桥梁可能出现的重大事故,及时采取应急控制措施,高效有序地组织开展事故抢险救灾工作,最大限度地减少人员伤亡和财产损失,保障人民群众生命财产安全,各地方政府和管理部门根据自身情况的不同制定了应急预案和配套措施。

(2)铁路桥梁管养安全保障制度和措施

随着铁路交通的迅速发展,列车速度、荷载重量和运行密度都有大幅度提高,使得车辆与轨道系统动力问题更加突出,这对相关基础设施包括桥梁结构的安全提出了更高的要求,而从设计、施工制造、验收、养护维修直到报废全生命的周期进行安全管理,对人员、设备进行全方位的评估,可以全面、针对性、预见性地发现问题并实施整改。

铁路交通基础设施是一个错综复杂的系统,影响其安全性和可靠性的因素众多,不同因素之间又有不同程度的关联。多年来,我国铁路一直注重基础设施的安全性,并已经取得了很大发展,总体以解决安全保障技术为主。从保证铁路交通安全运输的角度看,对桥梁建设、监测、运用和养护维修等各阶段实施综合安全性评估,检查、分析和预测系统存在的危险因素及危害程度,提出合理可行的安全对策,对可能的事故进行有效的预防,以达到最低事故率、最少损失和最佳的安全效益,将是铁路桥梁安全管理的发展方向。

①铁路安全遵循的法律、法规、规章制度主要有:

《中华人民共和国安全生产法》;

《中华人民共和国铁路法》;

《建设工程安全生产管理条例》;

《铁路安全管理条例》;

《铁路技术管理规程》(铁总科技〔2014〕172号)[废止《铁路技术管理规程》(铁道部令29号)],《铁路技术管理规程》依据《中华人民共和国铁路法》《铁路运输安全保护条例》等有关法律法规制定,是铁路技术管理的基本规章;

《合资铁路和地方铁路开行旅客列车安全评估办法(暂行)》(铁安监〔2005〕8号);

《铁路建设项目竣工验收交接办法》(铁建设〔2008〕23号);

《铁路客运专线竣工验收暂行办法》(铁建设〔2007〕183号);

《新建铁路项目安全评估暂行办法》(铁安监〔2008〕53号);

《铁路工程环境保护设计规范》(TB 10501—2006);

《铁路工程基本作业施工安全技术规程》(TB 10301—2009);

《铁路桥涵工程施工安全技术规程》(TB 10303—2009);

《铁路工程劳动安全卫生设计规范》(TB 10061—98);

《铁路工程设计防火规范》(TB 10063—2016)。

②铁路桥涵建设、养护、维修工作依据的国家级相关部门颁发的法律、技术标准及有关设计、施工及养护评定规范等主要有:

《工程结构可靠性设计统一标准》(GB 50153—2008);

《铁路工程可靠度设计统一标准》(GB 50216—94);

《铁路工程抗震设计规范(2009年版)》(GB 50111—2006);

《铁路桥涵设计基本规范》(TB 10002—2017);

《铁路钢桥制造规范》(Q/CR 9211—2015);

《铁路桥涵钢筋混凝土和预应力混凝土结构设计规范》(TB 10002.3—2005);

《铁路桥涵混凝土和砌体结构设计规范》(TB 10092—2017);

《铁路桥涵地基和基础设计规范》(TB 10092—2017);

《铁路混凝土结构耐久性设计规范》(TB 10005—2010);

《铁路桥涵工程施工质量验收标准》(TB 10415—2003);

《铁路混凝土工程施工质量验收标准》(TB 10424—2010);

《铁路混凝土强度检验评定标准》(TB 10425—94);

《铁路工程结构混凝土强度检测规程》(TB 10426—2004);

《高速铁路设计规范》(TB 10621—2014),废止《高速铁路设计规范(试行)》(TB 10621—

2009),是我国也是世界第一部系统完整、内容全面的高速铁路设计规范,将为中国高速铁路发展以及高速铁路走出去提供系统规范的成套建设标准支撑,高速铁路运行,安全平稳最重要,明确了安全原则的重要性;

《高速铁路桥涵工程施工质量验收标准》(TB 10752—2010);

《高速铁路工程静态验收技术规范》(TB 10760—2013);

《高速铁路工程动态验收技术规范》(TB 10761—2013);

《铁路结合梁设计规定》(TBJ 24—90);

《新建时速200公里客货共线铁路设计暂行规定》(铁建设函〔2005〕285号);

《新建时速200~250公里客运专线铁路设计暂行规定》(铁建设〔2005〕140号)(时速250公里内容已作废);

《新建时速200公里客货共线铁路工程施工质量验收暂行标准》(铁建设〔2004〕8号);

《客货共线铁路工程竣工验收动态检测指导意见》(铁建设〔2008〕133号);

《铁路桥梁检定规范》(铁运〔2004〕120号);

《铁路桥隧建筑物劣化评定标准》(TB/T 2820—1999);

《铁路桥隧建筑物修理规则》(铁运〔2010〕38号);

《高速铁路桥隧建筑物修理规则(试行)》(铁运〔2010〕38号)。

③铁路灾害、事故、应急处理应遵循的法律、法规、规章制度等主要包括:

《中华人民共和国突发事件应对法》;

《中华人民共和国防震减灾法》;

《中华人民共和国防洪法》;

《中华人民共和国地质灾害防治条例》;

《国家突发公共事件总体应急预案》;

《国家地震应急预案》;

《破坏性地震应急条例》;

《铁路交通事故应急救援和调查处理细则》;

《铁路交通事故调查处理细则》(铁道部令第30号);

《铁道部处置铁路交通事故应急预案》(铁办〔2011〕36号);

《铁路建设工程生产安全事故应急预案》(铁办〔2011〕36号);

《铁路防洪应急预案》(铁办〔2011〕36号);

《铁路地质灾害应急预案》(铁办〔2011〕36号);

《铁路地震应急预案》(铁办〔2011〕36号);

《铁路火灾事故应急预案》(铁办〔2011〕36号);

《铁路危险货物运输事故应急预案》(铁办〔2011〕36号);

《铁路网络与信息安全事件应急预案》(铁办〔2011〕36号)。

2)桥梁管养安全保障技术

由于使用荷载和环境因素等的作用,将导致桥梁使用性能衰退、结构安全与耐久性降低,造成桥梁适应性不足,甚至出现桥毁人亡事故。作为人造结构物的桥梁,客观上也有其"生、老、病、死"的生存过程,采用科学的技术手段与方法对其实施及时有效检查、评估、养护维修与管理，是保证其健康、安全服役，最大效能地发挥其经济效益的关键。

(1) 公路桥梁管养安全保障技术

公路结构的安全保障方法，主要包括桥梁检查与技术状况评定、桥梁养护管理、桥梁检测与承载力评估、桥梁维修加固和结构健康监测等。

① 桥梁检查与技术状况评定

桥梁检查是一项通过对桥梁缺陷和损伤的检查，并根据其性质、部位，严重程度及发展趋势，找出产生缺陷和损伤的主要原因，分析和评价其对桥梁质量和承载能力的影响，从而了解桥梁投入使用至今桥梁技术状况的工作。按检查的范围、深度、方式和检查目的，分为经常检查、定期检查和特殊检查。经常检查主要由桥梁管养单位桥梁养护工程师进行；定期检查通常由具有一定检查经验并受过一专门桥梁检查培训，熟悉桥梁设计、施工等方面的桥梁养护工程师负责组织实施；特殊检查应由有相应资质和能力的单位承担。

在桥梁技术状况评定方面，现有规范将桥梁各组成部件作为"串联"系统，依据缺损程度、缺损对使用功能的影响程度、缺陷发展变化状况进行量化评分，采用标度法并叠加发展趋势修正的方法，对桥梁各部件进行技术状况评定，并在专家调查评估、层次分析和模糊评估的基础上，依据桥梁各部件重要程度采用权重理论，对桥梁的技术状况作出综合评定。

在桥梁使用功能评定方面，现有规范和规程主要基于桥梁结构缺损状况、荷载标准足够性和桥面收缩状况三个方面，在系统分析国外公路桥梁使用功能评价方法的基础上，采用层次分析理论和专家调查评估方法，提出适合我国国情的桥梁使用功能评定模型。这成为指导我国公路养护部门制订桥梁养护、维修和改造计划，确定养护维修资金投放优先次序的重要技术依据，也为维护使用者利益和安全，保证投资效益，确定桥梁养护、维护与改善需求提供了技术手段。

② 桥梁检测与承载力评估

桥梁检测与承载力评定技术是判定桥梁安全性的重要手段和依据，是桥梁评定的最核心内容，其涉及检测、荷载试验、评定方法和检测仪器设备等多方面内容(图5.12)。

桥梁承载力评定方面。结合我国桥梁自身及其使用特点，在"十五"期间研究提出了基于检测结果的桥梁承载力多参数修正检算分析方法。

检测技术与设备研发方面。为满足检测市场需求，国内研究开发了超声波检测装置、混凝土保护层测试装置、钢筋锈蚀测试装置等一批桥梁材质状况检测仪器设备及其测试分析方法和评价指标标准；静动态应力应变试验装置，检测数据无线传输设备、光纤传感器、弦式传感器等先进的检测仪器设备均已实现国产化。

上述成果形成了《公路桥涵养护规范》《公路桥梁承载能力检测评定规程》以及《大跨径桥梁荷载试验方法》等行业技术指南与标准，从技术层面为我国公路桥梁提供了安全保障。

③ 桥梁维修加固

伴随着桥梁技术状况评定、结构检测与承载力评定技术的逐步定量化、科学化，桥梁的维修加固技术近些年取得了长足的进步与发展，形成了较成熟的旧桥维修加固计算理论方法和技术措施手段。我国在旧桥加固基本原则，加固方法特点及适用条件、材料要求、施工工序质量控制与加固工程质量检验评定、加固后评价等方面取得了创新，形成了系统完善的桥梁加固成套技术成果,编制了公路旧桥加固成套技术应用指南,为桥梁维修加固的科学化、规范化奠定了坚实的基础。

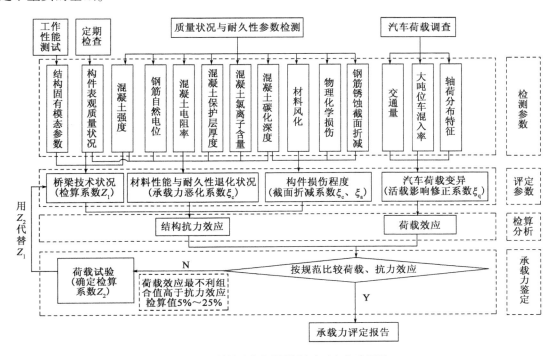

图 5.12　桥梁承载力检测评定方法与体系框图

④桥梁结构健康监测

传统的仪器设备和测试方法只能用于短期或临时人工检测,不能直接预报桥梁结构的健康状态。建立桥梁结构长期健康监测系统,获取桥梁结构的工作环境信息,实时了解包括环境温度、风荷载和车辆荷载的变化;获取桥梁结构的响应特征信息,实时掌握桥梁结构的工作状况和健康状况(包括结构的整体性能和关键部位的局部损伤情况),是保证桥梁结构安全运营的有效办法(图 5.13)。

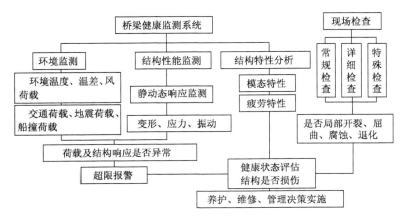

图 5.13　桥梁健康监测技术

桥梁健康监测技术综合了现代传感技术、网络通信技术、计算机技术、信号分析与处理技术、数据采集与控制技术、数据库管理技术、数据挖掘技术、预测技术、结构分析理论、结构损伤识别与状态评估理论及管理决策理论等多学科领域的知识，是一门新兴的交叉学科。

目前，桥梁健康监测系统是近年来国内外土木工程领域的研究热点，我国桥梁监测技术已得到了广泛应用，我国大部分已建、在建的大型跨江、跨海大桥均安装了桥梁健康监测系统。

（2）铁路桥梁管养安全保障技术

铁路桥涵结构的安全评估方法，一般可以分为经验评定、计算分析、荷载试验、运营性能试验和结构健康监测等。

①经验评定

经验评定的主要问题是可靠性差，仅能对结构进行定性评估，无法定量地反映结构的实际承载能力和安全水平，仅适用于在设计、施工、养护资料不全的情况下，对桥梁维护设计状态的水平进行评价。由于桥梁结构的多样性，不同桥梁的控制截面和关键病害不同，而这种方法人为主观因素较多，不同的评估人员可能得到不同的评估结果。

②计算分析

计算分析基本上是采用折减系数来模拟桥梁承载能力的劣化情况。由于桥梁结构的多样性、不同桥梁有不同的破坏模式，如简支梁存在拉弯破坏、剪切破坏两种主要的破坏模式，连续梁存在拉弯破坏、压弯破坏、剪切破坏等破坏模式，单一的承载能力折减系数无法满足多种破坏模式的计算要求。

③荷载试验

荷载试验的目的是通过对桥梁结构加载后进行有关测试、记录与分析工作，以直接了解桥梁结构在试验荷载（包括静、动载）作用下的实际工作状态，进而评定桥梁的施工质量和使用状况。荷载试验法目前最为普遍，许多公路、铁路、市政及城市轨道交通桥梁在建成后均要进行成桥荷载试验（包括静、动载），以全面评估桥梁结构状态，为竣工验收提供依据。有的国家（如美国）对重要桥梁还建立了定期荷载试验制度，以评估结构的变化。

荷载试验的缺点是费时费力，成本相对较高，而且往往需要封闭交通，这对运营桥梁实现起来很困难。

④运营性能试验

铁路桥梁为确定桥梁运营性能，一般需进行运营性能检验，以得到桥梁运营荷载作用下结构的动力系数、梁跨跨中振幅以及梁跨自振频率等动态性能指标、试验梁跨两端桥墩的墩顶振幅、自振频率，并对桥墩出现的裂缝和桥墩墩身动应力进行跟踪观测，考察梁跨横向刚度等运营性能指标，并与《铁路桥梁检定规范》规定的相关量值进行比较，对结构在目前运营荷载作用下的行车安全作出评价，为今后桥梁的正确维修管理和使用提供依据。

运营性能试验是检测结构在目前运营荷载作用下的行车反应情况，不影响正常通车，但随着铁路运输的发展，检定规范的评价体系及规定量值的适宜性值得研究。

⑤结构健康监测法

随着科学技术的发展，综合现代传感技术、网络通信技术、信号分析与处理技术、数据管理方法、计算机、预测技术及结构分析理论等多个领域知识的桥梁结构健康监测系统,可极大地延拓桥梁检测内容,并可连续、实时、在线地对结构健康状态进行监测和评估,确保运营的安全和提高桥梁管理水平。当结构出现损伤后,结构的某些局部和整体的参数将表现出与正常状态不同的特征,通过传感器系统拾取这些信息,并识别其差异就可以确定损伤部位及程度。通过对损伤敏感特征量的长期观察,可掌握桥梁性能劣化的演变规律,以部署相应的改善措施,延长桥梁的使用寿命。

⑥养护、维修与加固

铁路桥梁的养护维修主要通过日常的保养和维修使其处于正常、安全的运营状态,起到预防灾害发生的作用。其主要工作包括:桥梁技术状态检查、建立和健全桥梁技术档案、桥梁安全防护、桥梁结构日常保养、维修和加固。经过多年的发展,铁路系统对于事关行车安全的桥梁管理、检查、养护维修、大修加固、技术检定等制定了一套严格的制度。铁路总公司、铁路局、工务段(车间),实现了桥梁档案管理、经常检查、定期检查、特别检查和计划预防性维修制度,配合桥梁检定、桥梁试验、洪水冲刷观测、桥梁大修和防洪工程,维护了桥梁的正常完好状态,大大延长了桥梁的使用寿命。比如中华人民共和国成立前修建的一些桥梁,经过保养维护依然保持着安全运营状态,承担着日益繁重的铁路运输任务,创造了极大的经济和社会效益。

5.2 我国桥梁结构安全保障措施取得的成效

截至2017年底,我国公路桥梁总数接近80万座。铁路桥梁方面,随着我国铁路尤其是高速铁路建设快速发展,铁路桥梁总数目前也已超过20万座。至此,我国桥梁逾100万座,居世界第一。当然,我国桥梁不仅在数量上独占鳌头,在技术方面也是不容小觑的,跨度是衡量一个国家桥梁技术水平的重要指标。近十几年来,我国几乎每年都在刷新世界桥梁建设的记录,世界十大拱桥、十大梁桥、十大斜拉桥、十大悬索桥,中国分别占据了半壁江山或一半以上,其中包括主跨径146m的山西丹河新桥(世界第一石拱桥)、主跨径552m的重庆朝天门大桥(世界第一钢拱桥)、主跨径420m的万州(县)长江大桥(世界第一混凝土拱桥)、主跨径530m的四川波司登长江大桥(世界第一钢管混凝土拱桥)、主跨径330m石板坡长江大桥复线桥(世界第一梁式桥)、主跨径1088m苏通长江大桥(世界第二斜拉桥)与主跨径1650m西堠门大桥(世界第二悬索桥)。实践证明,我国的桥梁安全保障体系取得了显著成效。

5.2.1 桥梁检测与监测成效与实例

我国自20世纪90年代中期开始桥梁健康监测的研究,在国家科委攀登计划B"重大土木与水利工程安全性与耐久性的基础研究"项目、国家自然科学基金资助的"桥梁结构健康检测与状态评估"等多个项目的支持下,在大型桥梁结构病害调查、传感器布点、结构损伤识别、系统识别、结构理论模型修正,结构可靠度评定等方面开展了深入的研究。先后在上海徐浦大桥、江阴长江大桥、南京长汇第二大桥等建立了不同规模的结构健康监测系统。在上海徐浦大桥上,技术人员开发并安装了我国第一个桥梁结构状态监测系统。该系统的监测内容包括:车辆荷载;主梁高程;中跨主梁跨中断面应力、应变;主梁自振特征;斜拉索索力及斜拉索的振动等。徐浦大桥结构状态监测系统成功实现了利用大量多类型的传感器以及系统集成技术对结构工作性能的连续、实时观测。在江阴长江公路大桥上安装的健康监测系统,主要监测加劲梁的位移、吊索索力、锚跨主缆索股索力以及主缆、加劲梁、吊索的振动加速度等。另外,南京二桥也采用了结构监测与分析手段,设立了二桥安全监测系统,为管理者实时监测和了解桥梁整体结构状况提供了数据积累和分析依据。监测重点为南汊斜拉桥进行监测,使用了全站仪、振动检测仪、振弦式应变仪、磁弹性仪速度计、温度传感器等检测设备。

桥梁健康监测系统操作示意如图5.14所示。

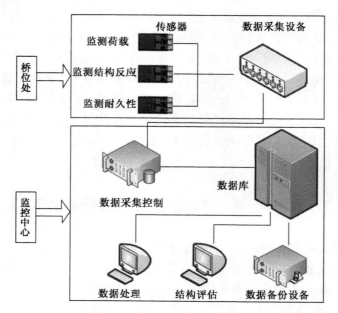

图 5.14 桥梁健康监测系统操作示意图

实例:1999年9月28日,我国第一座跨千米大桥——江阴长江大桥顺利开通,江阴大桥通车的15年,是我国经济快速发展的黄金15年,也是交通、桥梁大发展的黄金15年。当初江阴大桥刚刚开通时,每天的交通流量约为1.4万辆。如今,江阴大桥平均每天的交通流量达到7万辆,是开通初期的5倍。特别是国家实行节假日小客车免费放行以后,高峰日流量达到了14万辆,远远超出了当时江阴大桥的设计标准。江阴大桥通车15年累计通行的车辆,已经达到了2.2亿。可划分为三个时间段:第一个5年,累计通行车辆是4000万辆;到通车10周年的时候,累计通行车辆达到了1.1亿辆;最近5年又翻了一番,达到2.2亿辆。通过大桥的客车和货车比例大约为75:25。管养单位做过一个粗略的统计,按每辆车载客6人来算,15年内通过江阴大桥的有13.2亿人次。

在业内专家的关心之下,管养单位编制了《江阴大桥维护手册》,建立了一套养护"宪法"。根据悬索桥的特点,将主桥分成缆索、钢箱梁、锚固系统、塔及附属结构五大部位,各部位的检查频率和要求按照《江阴大桥维护手册》的规定执行。主塔、锚固系统、钢箱梁油漆、鞍座等构件,根据多年的检查情况,保证每年检查1次就可以;缆索系统以前是每年2

次,经过维修后状况得到改善,现在调整为每年检查 1 次;还有的部件刚开始时是每年检查 1 次,后来营运过程中发现隔一段时间就会产生新的病害,相应的检查频率也进行了调整。如钢箱梁焊缝原来是每年检查 1 次,计划用 5 年的时间完成一个循环。但是从 2011 年开始,发现钢箱梁顶板 U 肋焊缝出现裂纹后,检查周期及时进行了调整,目前每年检查 4 次,其中两次做全面检查、两次对重点部位目视检查;运营过程中还发现伸缩缝、支座等附属构件较容易发生损坏,这些构件虽然不会直接对桥梁结构的安全造成影响,但它影响到行车安全及主体结构的性能,因此每月安排 1 次检查,发现病害可以及时维修。通过检查频率及部分内容的调整,既不增加新的资源,又能全面动态把握桥梁结构各部件的技术状况,确保桥梁的安全运营。

5.2.2 桥梁维修加固成效与实例

在检测技术与设备研发方面,为满足检测市场需求,研究开发了超声波检测装置、混凝土保护层测试装置、钢筋锈蚀测试装置等一批桥梁材质状况检测仪器设备及其测试分析方法和评价指标标准;静动态应力应变试验装置,检测数据无线传输设备、光纤传感器、弦式传感器等先进的检测仪器设备,不仅实现了国产化,而且完全拥有自主知识产权,性价比也明显优于国外同类产品。这些成果不仅形成了《公路桥梁承载能力检测评定规程》等行业技术指南与标准,使我国公路桥梁的承载力检测评定工作有据可依。而且研究正在走向深入和细化,如针对不同结构形式的桥梁损伤识别、安全评价和可靠性评估方法的研究项目,正在实施过程中;结构内部和基础等隐蔽工程缺损的检测评定方法与仪器设备,也在研发之中。

在深入研究旧桥承载力影响因素和系统分析国内外已有评定方法的基础上,通过对桥梁技术状况进行检查评估,依据桥梁质量状况及耐久性参数检测、结构固有模态参数测试和使用荷载检查结果,采用旧桥检算、承载力恶化、截面折减及活载影响修正等多系数影响分析的方法,基于近似概率理论,建立了承载力评定方法与参数体系;通过对大量实桥检测、荷载试验鉴定资料的分析和实体工程试验验证研究,基于模糊数学评估理论与专家评估方法,采用影响因素敏感分析、德尔菲专家调查、层次分析和数理统计分析的方法,创建了桥梁承载力评定参数的理论模型和计算方法;分桥型研究确定了用荷载试验鉴定桥梁承载力的评定指标、应力和挠度校验系数的限制范围、裂缝扩展评定方法与标准等。

伴随着桥梁技术状况评定、结构检测与承载力评定技术的逐步定量化、科学化,桥梁的维修加固技术近些年取得了长足的进步与发展。许多新材料、新方法被应用于桥梁维修加固工作中。早在"六五"期间开始,交通部就组织实施了"提高旧桥承载能力的加固技术措施的研究""双曲拱桥拱座位移病害整治的研究""公路水毁成因及防治措施研究"等一批旧桥维修加固技术的研究,国内研究机构和院校还针对粘贴钢板、纤维片(板)材、增设体外预应力、增补钢筋、增大截面、改变结构体系等加固方法开展了大量专项研究,形成了较成熟的旧桥维修加固计算理论方法和技术措施手段。"十五"期间通过"公路旧桥检测评定与加固技术研究及推广应用"项目的实施,系统地研究总结和提升了国内外常用的 20 余种桥梁加固方法,并在旧桥加固基本原则、加固方法特点及适用条件、材料要求、施工工序质量控制与加固工程质量检验评定、加固后评价等方面取得了创新,形成了系统完善的桥梁加固成套技术成果,编制了公路旧桥加固成套技术应用指南,为桥梁维修加固的科学化、规范化奠定了坚实的基础。

实例:重庆江津长江大桥建成于1997年,主桥为140m+240m+140m预应力混凝土连续刚构。该桥建成通车至今,服役期已超过20年,通过对大桥外观检测发现该桥病害较为严重,主要包括:

(1)整个主跨范围内箱梁都有不同程度的下沉,其中主跨跨中最大下挠为31.7cm,边跨最大下挠为3.96cm。根据大桥管养部门的多年连续观测发现,大桥跨中点的下挠是持续发展的,每年的下挠量约为2cm。

(2)箱梁腹板裂缝主要分布于跨中左右40m范围内,裂缝角度多在30°~60°,多数自锚固块或其上一定距离处开始发展,最长贯通到顶板,少数裂缝有渗漏痕迹,说明可能已贯穿腹板。

(3)跨中箱梁底板下缘出现多条沿桥宽方向的裂缝,集中分布于跨中合龙段。跨中箱梁顶板下缘密布22条沿桥跨径方向的细裂缝。

(4)箱梁顶板及底板有不同程度的渗水现象,同时发现预应力管道有浆管漏浆现象。

国内外学者对大跨刚构桥病害发生原因进行了大量的分析,其中导致跨中下挠的可能因素主要包括:

(1)对于混凝土后期收缩、徐变认识不足。
(2)预应力钢筋的长期损失过大。
(3)由于梁体开裂导致的截面刚度降低。
(4)由于各种施工原因造成的结构缺陷。

就本桥而言,过大的收缩、徐变变形无法解释结构长期变形行为,特别是使用近10年后出现的匀速下挠现象。通过对结构开裂进行刚度折减的敏感性分析发现,由于主梁开裂导致的截面刚度降低对跨中下挠影响较小。因此认定引起主梁下挠的主要原因是由于预应力的长期过度损失。

针对本桥病害特点,为确保桥梁的安全运营,延长桥梁的使用寿命,所采用的加固措施包括:封闭裂缝、在腹板斜裂缝开展区域粘贴钢板、在跨中底板粘贴碳纤维布、施加体外纵向预应力索。通过以上加固手段以期能够改善结构受力状态,阻止裂缝发展,改善结构线形。针对重庆江津长江大桥的病害特点,对桥梁加固前的受力状态进行了分析,确定了采用施加体外索等加固,改善桥梁受力状态,提高结构耐久性。

5.2.3 多学科交叉对桥梁安全保障的促进

1)信息技术发展的促进作用

(1)桥梁设计与分析软件

信息化已上升到国家战略,通过信息化技术可以显著提高桥梁的生产效率、性能水平和建养一体化水平,推动桥梁智能化、工业化水平的提升。

桥梁软件的自主化程度和专业水平是评价一个国家桥梁技术水平的重要指标。30多年来我国在桥梁软件的研发和应用方面取得了一些积极进展,在主要功能、计算精度、计算分析效率等方面已接近国外软件水平(表5.5)。

中国自主研发的桥梁辅助设计和分析软件　　　　　表5.5

软件类型	典型软件	软件特点
设计分析和施工控制软件	QJX、GQJS、PRBP、BINAS、桥梁博士	功能：以杆系单元为主,具备结构总体计算分析、验算和施工控制等功能； 精度与效率：与国外软件相比,误差在2%以内,计算分析效率接近； 应用：在国内得到了广泛应用
桥梁空间效应分析软件	尚无市场认可的专用软件	功能：关键构件空间应力分析、裂缝分析、疲劳分析等； 应用：主要采用Ansys、Abaqus等国外通用有限元软件
CAD辅助设计软件	方案设计师桥梁大师	功能：快速绘制斜弯桥、互通立交桥、常规中小桥梁等的二维设计图纸； 应用：与国内规范结合度好、与实际工程贴合度高,占据了国内的主要市场
防灾减灾专业软件	数值风洞	功能：结合研究成果,理论先进； 应用：桥梁抗风、抗震、防船撞等

（2）BIM技术

近年来,应经济发展的需要,大型、特大型桥梁工程项目越来越多,如杭州湾大桥、港珠澳大桥等,这对桥梁设计与施工提出了更高的要求。桥梁工程项目的建设不仅涉及复杂的地理环境,而且涉及多项复杂工程,其中最为典型的是钢结构桥梁。目前,大型桥梁工程项目的设计通常还是依靠传统的二维图纸,并通过合图来分析设计中存在的冲突；施工规划则主要依靠项目管理人员的经验来制订和实施,且同样是采用二维图纸来表现。然而,由于桥梁工程自身的特点,其设计复杂、构件繁多,仅依靠传统的二维图纸很难提前检测或发现设计中存在的冲突问题。这些设计问题通常在施工阶段才能发现,从而影响了施工进度和成本,也将影响施工安全。与此同时,为了解决出现的工程设计与施工问题,不得不配置更多的人员,由此管理成本也大幅度增加。因此,保证桥梁工程设计的可建造性与施工方案的可行性对桥梁工程的高效实施是十分重要的。

建筑信息模型(Building Information Modeling)是以建筑工程项目的各项相关信息数据作为基础,建立起三维的建筑模型,通过数字信息仿真模拟建筑物所具有的真实信息。它具有信息完备性、信息关联性、信息一致性、可视化、协调性、模拟性、优化性和可出图性八大特点。目前,BIM在欧美等发达国家和地区的建筑业已得到了较好的推广与应用,近年来在我国也得到了一定的应用,特别是在建筑工程项目中取得了一定的成效。一方面,为建设项目的设计与施工提供了有效的支持；另一方面,为项目的各个参与方提供了一个有效的协同工作与交流平台。从而减少了设计与施工返工、提高了工程质量,并节约了建造成本与工期等。将BIM引入桥梁工程的设计与施工过程,能够大大提高桥梁工程项目的生产效率。

BIM技术作为提高桥梁信息化水平的有效手段,已得到国家各层面的高度重视。交通运输部在"十三五"发展规划中将综合交通信息化作为未来研发重点,完成了《BIM技术在桥梁工程中的开发及应用调研》,正在开展BIM技术在桥梁工程的试点工作。中国铁路总公司和中国交通建设集团开始编制桥梁BIM标准、研发桥梁BIM应用软件、开展BIM工程应用和示范。BIM技术已在试点工程中应用于桥梁三维建模、碰撞检查、施工过程模拟、施工进度管理等。

（3）北斗/GPS

当前广泛采用的变形监测技术主要以GPS技术为核心。GPS技术以其全天候、自动化、高精度、高效率等优点,成为国内外广泛研究的热点。而根据我国桥梁的特点,没有与之相应的监测手段,并且目前传统的监测系统都比较昂贵,此外,目前基于 GNSS 的高精度位移监测终端,其数据来源基本上都是 GPS 或 GLONASS 卫星导航系统,而对于 GNSS 系统的核心技术,国外都将其视为国家战略保护起来,并严禁出口。况且国外的 GNSS 系统出于国防军事考虑,甚至可以对民用数据进行干扰,以达到降低民用数据的精度。因此,结合我国实际情况,并且为了应对国外卫星导航系统的技术保密,故提出在桥梁监测中应用基于北斗/GPS 高精度位移监测技术。

基于北斗/GPS 高精度位移监测技术在变形监测中的应用优势是可直接提供监测点三维坐标及其绝对或相对变化量,没有量程限制,实现 24h 不间断监测,监测精度高、效率快。

2) 桥梁管理系统的促进作用

公路桥梁管理系统(BMS/CBMS)是国家经贸委、科技部和交通部新技术推广项目,自 1993 以来,在全国范围内分批开展了推广工作,经过各级推广领导小组和推广工作组的共同努力,先后在全国范围内分期分批地建立省级桥梁管理系统 32 套、市级桥梁管理系统 400 多套,入库桥梁 20 万余座。公路桥梁管理系统已被交通运输部作为全国桥梁数据的收集、汇总平台,现已经广泛地服务于全国各省市的公路管理局、高速公路管理局及其养护单位。

交通部于 1986 年开始着手桥梁管理系统(BMS)的研究,由交通运输部公路科学研究所、北京市公路局承担该系统的开发及其评价方法的研究;1989—1991 年由交通部公路科学研究所承担公路桥梁省(市)级桥梁管理系统的开发;1993 年交通部立项推广桥梁管理系统,并成立 CBMS 课题组,同年 CBMS 列入交通部"八五"通达计划和国家经贸委、国家科委重点新技术推广项目,在全国各省、自治区、直辖市组织推广实施。此后,交通运输部公路科学研究院北京新桥技术发展有限公司对该桥梁管理系统不断改进、升级并推广应用至今。

中国公路桥梁管理系统(CBMS)是一项从数据分类、数据采集、检测设备应用、数据录入存储处理、状态评价、提出决策意见和进行投资分配方案决策等一套综合管理技术。CBMS 基于桥梁结构工程、病害机理、检测技术和数据采集技术,运用计算机技术数据处理功能、评价决策方法和管理学理论,对现有桥梁进行状况登记、评价分析、投资决策和状态预测。

CBMS 的系统结构化设计是在系统分析及系统内容初步确定后进行的,运用一套标准的设计准则和图表工具,自上而下地对系统进行分解,首先绘制出桥梁系统结构图,确定系统的层次,目的是使得处理功能模块化、数据结构模型化、系统平台开放化,从而得到结构明晰、适应性强、可靠性高、安全性好、效率和效益都令人满意的系统实现方案。

通过 CBMS 的应用,不仅建立健全了桥梁养护管理档案,而且全面、快速掌握了现有公路桥梁的分布情况;通过系统定期数据采集和更新工作,促进了桥梁定期检查的工作实施,实时掌握了全线桥梁的技术状况;应用《公路桥梁技术状况评定标准》(JTG/T H21—2011)评价模型,能够有效、准确地反映桥梁的结构技术状况、承载能力、服务水平等综合技术指标,及时有效地发现问题,并提出桥梁养护的工作重点;掌握公路桥梁的养护需求,利用 CBMS 编制桥梁养护维修计划,为桥梁养护决策提供科学依据,合理安排养护资金,节约养护成本。

3) 其他学科发展的促进作用

(1) 记忆合金

形状记忆合金(Shape Memory Alloys,SMA),是一种在加热升温后能完全消除其在较低温度下发生的变形,恢复其变形前原始形状的合金材料,即拥有"记忆"效应的合金。

在桥梁工程中,利用形状记忆合金的伪弹性性能和动阻尼特性,形状记忆合金被用于被动控制结构受地震影响,起到桥梁抗震的作用。同时也应运于桥梁结构振动的主动阻尼控制等。

(2)压电材料

压电材料是受到压力作用时会在两端面间出现电压的晶体材料。利用压电材料的这些特性可实现机械振动(声波)和交流电的互相转换。因而压电材料广泛用于传感器元件中,例如地震传感器,力、速度和加速度的测量元件以及电声传感器等。

(3)光导纤维传感器

常用传感材料在智能结构系统中主要采用光导纤维及形状记忆合金等材料,因光导纤维材料柔韧、具有较低价格、较细直径、较小体积和能耗、较高灵敏度、较小质量、较强抗电磁干扰能力、耐高温、抗腐蚀、检测方便、信息传输和传感集于一体等优点,智能结构系统中被认为是一种首选传感材料,并在桥梁工程结构中广泛应用。在桥梁结构中将光纤传感器埋入,利用对光强、相位等传输特性的分析,可获得光纤周围材料的有关参数变化,进而实现实时、动态监控桥梁结构的健康状态,为人工智能和神经网络技术的应用打下坚实基础。

(4)无人机

无人驾驶飞机简称"无人机",英文缩写为"UAV",是利用无线电遥控设备和自备的程序控制装置操纵的不载人飞机。从技术角度定义可以分为:无人固定翼机、无人垂直起降机、无人飞艇、无人直升机、无人多旋翼飞行器、无人伞翼机等。

无人机经过几十年的发展历程,从技术角度看已经比较成熟。无人机具有成本低、易操纵、具有高度灵活性、能够携带一些重要的设备从空中完成特殊任务、生存能力强、机动性能好、使用方便、安全稳定等特点。这些特点也为无人机的快速发展奠定了坚实的基础。

无人机可用于桥梁检测,2015年哈尔滨工程大学无人机项目团队成功研制出我国首架可在桥梁底面飞行的检测无人机,能够有效提高桥梁检测深度和精度。无人机在桥梁检测中有以下优越性:

①不需要人工检测,提高了作业的安全性,同时节约了检测成本。

②无人机自身携带高清相机,可以对桥梁构件进行拍照,提高了检测的精准度。

③无人机起落受场地限制较小,一块开阔的场地就可以进行起降,另外对桥梁检测时,只要操控人员在地面对无人机进行遥控即可,大大地降低了作业的难度。

5.3 现有桥梁结构安全保障体系不足

5.3.1 设计

随着科技的进步和工程的发展,设计规范的内容也需不断发展和更新。但是,设计规范的修订更新很难跟上工程实践的发展。例如,在悬索桥设计、铁路斜拉桥设计、近海桥梁设计、深水基础设计等方面,都还存留诸多空白。今后的设计规范应在安全、适用、经济、美观的原则基础上,基于全寿命设计思想,考虑桥梁的耐久性,满足环保要求,逐步推动桥梁工程的可持续性。

尽管我国在桥梁建设核心技术、桥型与结构体系、材料性能和装备水平、桥梁监测与评估技术、标准规范等方面都取得了长足进步，获得了一大批自主创新成果，但与桥梁强国相比，还存在以下主要技术差距。

(1)在大跨径桥梁设计方面：技术储备不够，如主跨3000米级悬索桥及1500米级斜拉桥等结构体系与关键结构问题有待解决；高性能材料方面的研究与应用滞后；与超大跨径相匹配的支座、伸缩和阻尼等装置、设备研究开发不足，与国外先进产品有差距。

(2)在设计规范和设计理论方面：结构全寿命周期设计理论、混凝土耐久性设计方法及钢结构疲劳荷载验算等基础性研究不够，技术储备不足；对传统材料的组合结构研究、新型材料组合结构的探索和积累有明显差距；主要设计规范中原始创新内容与建设规模不相匹配。

(3)从安全、实用方面，有现行的技术标准、设计规范和相关理论、经验，从定性和定量角度看是有基本质量保证的。但在项目的经济性方面却往往只注重工程造价，对于后期管养维修的长期综合成本考虑不足，表面上是设计、评审理念问题，实际上也与缺乏相关规定有关。另一方面，桥梁在兼顾功能的同时需要强调建筑景观，但对结构美观必须兼顾桥梁耐久性的要求并无具体规定。当前桥梁设计人员除重视结构强度、刚度外，基本都要考虑桥梁的耐久性，可这方面往往只侧重于采用高强度等级混凝土、加大混凝土保护层厚度、加强构造配筋等措施。关于采用的结构、施工工艺对耐久性是否有影响则研究甚少。规范、规程上的要求也不够明确。

5.3.2 施工

目前，公路桥涵施工技术规范和铁路桥涵施工规范为桥梁安全生产及质量保证奠定了基础。除此之外，我国还制定了一系列与材料、产品、安全生产、人员培训相关的标准、规程、制度等。总体而言，在桥梁制造与施工的规章制度建设方面，我国已基本建立起比较完整的安全保障技术体系。尽管如此，在我国桥梁安全事故的分析中，桥梁施工事故所占比例仍然是很高的。造成这一现象的原因是复杂的，一般而言，有以下几点：

(1)对施工安全管理重要性的认识不到位，重视程度不够，经费投入不足，技术力量薄弱。这造成表面上的工作(如对员工进行安全思想、安全知识、安全技术、安全法制、安全纪律、安全活动教育等)轰轰烈烈，实际的效果却冷冷清清。

(2)对桥梁施工的特点认识不清，安全工作难以做到有的放矢。目前，我国桥梁施工的主要特点包括：紧迫性(工程上马仓促、工期要求不合理)，流动密集性(行业具有人员流动性大、劳动密集的特征，培训压力大，管理不易到位)，复杂性(指构造复杂，施工方法各异，即便是同一类风险，其诱发因素也不尽相同)，可变性(桥梁结构体系时常改变，风险源有可能随时间和条件改变)，隐蔽性(施工需要多专业合作，相互之间存在交叉，潜在风险源不易察觉或容易遗漏)等。

(3)缺乏安全科学和安全工程学的理论和技术指导。安全科学是一门专门研究安全的本质及其运动规律、转化规律与保障条件的科学，安全工程学则是安全科学在工程领域的技术应用。

(4)施工方未通过设计单位而自行改变设计确定的施工阶段、步骤。桥梁结构的配筋、配束甚至个别尺寸均系根据施工阶段、步骤、通过细致计算分析确定的,施工队伍未经设计验算便擅自改变施工步骤常易发生质量问题。当然还有施工指挥或操作人员不熟悉工艺,施工单位组织管理等问题。

5.3.3 检测加固

开展旧桥评估理论和技术的研究和实践,一方面对准确评估桥梁的承载能力、尽量延长桥梁的使用寿命和减少加固替换的高额费用,具有明显的技术意义和经济意义;另一方面,可针对旧桥暴露出来的问题,更新设计理念,完善设计理论和方法。自 20 世纪 80 年代起,在一些工业发达国家,桥梁工程的重心已逐步转移到其养护维修、监测监控、鉴定评估和加固改造方面。在公路桥梁方面,美国、英国、加拿大等国家先后颁布了基于结构可靠性理论设计规范的评定规范。我国在公路桥涵养护规范的基础上,也相继颁布了公路桥梁技术状况评定和公路桥梁承载能力检测评定、加固设计和施工等一系列标准和规程。在铁路桥梁方面,主要的评定依据包括铁路桥梁检定规范、铁路桥梁检定评估工作规则等。

从旧桥检测维修加固理论、规范方面看,当前国内外不少专家学者都在研究桥梁维护和确保安全方面的课题。如桥梁结构性能的评估及预测,构件劣化过程、混凝土和钢结构耐久性数值模拟、桥梁定量评估指标,以及包括实际荷载模型研究等。这些都说明了我国现行的桥梁养护、维修、加固的相关理论、规范尚不够完善,旧桥维修加固实施的设计、施工,仍主要依靠建造新桥的技术水平和经验。

5.3.4 管养

随着国家经济的发展和科技进步,我国桥梁工程的设计、施工、管养技术随着力学、材料、计算机、机械、测量及通信等理论和技术的进步而得到较快的提升。从现状看,现有的管理制度、设计方法、施工技术、管养程序等,可以总体上适应桥梁安全的基本需求。在过去我国经济高速发展的强制驱动下,我国桥梁建设的成绩突出(速度快、数量多、跨度长、规模大、形式多),不足明显(安全性不足、耐久性差、经济性弱),且普遍存在"重建设,轻管理"的倾向。国内近年来在桥梁安全技术方面的发展和进步,还难以适应我国桥梁全寿命安全的实际需求。对大型桥梁、非常规结构桥梁的监管养护经验不足,专业机构和从业技术人员相对较少,技术手段和水平亦相对滞后。

在桥梁管养方面,已有铁路桥梁检定规范和公路桥涵养护规范(以及与养护工作制度、技术状况评定和承载力评定、加固设计与施工等有关的一系列规范和规程),构建出了我国桥梁养护的基本技术体系。任何建成的桥梁在环境和交通荷载的长期反复作用下,必然会出现性能衰退、安全和耐久性降低等问题。这就是桥梁建成后必须进行管理养护的原因。据了解,我国公路、铁路和城市桥梁总数已超过 100 万座,远多于在建和拟建的桥梁总数,说明我国已经进入桥梁管养维修任务繁重的时期。现就我国公路和城市桥梁当前管养方面的主要问题进行分析:

首先是有效的桥梁管养机制不够完善。一是建设与管养脱节,管养部门一般没有完整的桥梁设计、施工资料,甚至竣工验收资料,基本不了解桥梁存在的先天问题,管养缺乏针对性。

同时管理主体常有变化,亦使桥梁管养资料的完整性难以维系。二是管养资金不足,缺乏严格统一规定,导致出现急需维修改造的危桥,还要通过走程序、待计划、等资金等过程,使风险得不到及时消除。从事管养工作的技术力量薄弱也需重视。除检查、检测执行不力等责任心问题外,管养人员技术素质不高的现象也较普遍,所以常不能及时发现桥梁病害问题,即使发现了,其处理的方式措施也欠妥当。

同时,桥梁健康监测系统大多存在于独立的大桥管理中,虽已逐渐趋于成熟,但仍然存在一些不足之处:

(1)目前多数桥梁健康监测系统并没有很好地与桥梁养护管理系统相结合,使得健康检测系统并不能真正融入日常的桥梁管理当中。

(2)目前监测系统对大桥使用的安全评估方法仍然采取的是适用于中小桥型的定级评估方法,还没有开发出针对大桥特有的评估方法。

(3)桥梁监测系统和管理系统未能实现数据的共享和对接。大跨度桥梁的健康监测规模大、实施周期长、操作较为复杂,如何将日常的桥梁检测以及桥梁管理数据跟监测数据对接,已成为桥梁工程界研究的热点。

(4)如何对桥梁进行安全评价的研究大多理论多于实践,能运用到实际工程中的很少,例如如何与时俱进地设置桥梁安全预警值等问题还缺乏既定的标准。

(5)相关传感器在桥上的布设是健康监测系统的一个关键性技术,如何优化传感器的布设,利用尽量少的传感器来获得尽量多的桥梁数据是需要解决的问题。

(6)积极研发专用于桥梁结构的传感器,高精度、高效率的传感器是保障健康监测系统的精准、有效的根本。

桥梁养护理念应由注重建设到"管养并重"转变。针对我国服役桥梁养护管理和桥梁资产保全增效的技术需求,转变桥梁养护理念,发展桥梁预防性养护技术,建立完善桥梁信息管理系统,推行养护工程师制度,提升桥梁机械化养护能力,构建符合我国国情的桥梁养护技术及装备体系,以促进我国桥梁技术向"建养并重"转型发展。

应将桥梁的监测系统和养护管理系统等相接合,充分发挥二者的优势,将监测系统日常化,为桥梁的管养系统作出贡献;实现桥梁监测系统与桥梁管理系统数据的共享和对换,创立数据对接接口;完善传感器的优化布设算法,以期达到用尽量少的传感器布设来获取尽量多的桥梁健康信息的目的等。

建立完善国家层面的桥梁安全有关的数据库。分析我国桥梁以及桥梁管理体系的需求和特点,制定实桥性能观测协议,对样本桥梁和参照桥梁群进行数据采集和分析,建立详细及时的桥梁健康数据库,开展桥梁结构性能理论和应用技术的研究,进一步推动桥梁养护技术的发展。

同时,应该加强对极端和偶然桥梁风险因素的预警,构建桥梁在地震等极端条件下的智能化预警评估处置系统;针对灾后应急抢通和保通的需求,提升桥梁应急装备跨越和承载能力,拓展桥梁应急装备的品种,增强桥梁应急装备的施工便捷性,以提高我国公路桥梁的应急保障能力及水平。

5.3.5 政策和管理制度

将政府相关部门主导的规范修订工作模式改为由政府相关部门宏观管理、行业协会主导的模式。保障桥梁管理养护的经费投入,加大特大型桥梁的安全运营与监测,确保重要桥梁的运营状况实时可控;完善桥梁运营安全管理系统,健全桥梁管理制度、加大超载等行为的执法力度,最大限度杜绝人为因素的安全隐患;引入桥梁事故第三方评价机制;建立健全桥梁事故分析处理数据库,培养司法工程学人才,进一步发挥司法在桥梁事故处理中的作用。

借助大数据与云计算,构建出国家层面的与桥梁安全有关的数据库。这些数据包括一切与桥梁安全(事故)有关的数据,包括桥梁设计数据、施工数据、养护数据、检测数据、档案信息、事故信息等。这样的数据库可为桥梁安全保障战略的制定提供信息支撑,也可使桥梁的建设和养护朝着标准化、智能化、时效化、便捷化、信息化、一体化的方向转变。

公路桥梁养护面临的形势主要包括:规模庞大、形式多样,养护任务繁重;公路交通量快速增长、桥梁建设标准差异性大,部分桥梁安全保障能力不足;由于融资渠道、收费及还贷方式、养护管理机构设置等因素影响,导致监管和养护责任主体不清,一些桥梁疏于管养;技术人才队伍匮乏,养护资金投入不足,部分技术瓶颈有待突破。建议从制度改革入手,改变目前公路桥梁养护的不适应现状,提高桥梁安全保障能力。

(1)建立桥梁养护专项经费,科学合理地确定其与建设投资规模的比例关系。
(2)落实和完善养护工程师制度,建立吸引技术人才流动机制。
(3)建立市场准入制度,逐步形成养护维修及评定加固的市场化机制。
(4)建立责任追究制度。

5.4 小　　结

我国桥梁建设和维护管理也累积了大量的经验,现有技术手段和措施也基本能够满足桥梁安全保障的需要,通过进一步实施桥梁安全保障战略,从制度、法规、规范、管养、检查评估和人才储备方面,加大国家投入,深入开展科学研究,保障我国服役和新建桥梁的安全。

第6章 我国桥梁安全保障面临的挑战

目前,公路桥梁的安全与寿命已成为影响公路交通可持续发展的核心问题,得到西方发达国家的广泛重视,相关技术研究也成为国际发展的前沿问题。依据国家的基础设施建设经验,在建设高峰之后的20~30年,设施结构安全保障问题日渐突出,不仅威胁了人民群众的安全、便捷出行,而且也使设施维护的巨额成本成为国家经济发展的制约因素。在桥梁为我国国民经济发展发挥重要作用的同时,其耐久性问题与我国走资源节约型发展道路间的矛盾也日益突出,若处理不当,将对国家经济持续稳定发展产生不利影响。对于新建基础设施,从源头上防止设施结构出现早期破坏或过早出现耐久性问题并优化结构全寿命成本,是世界各国面临的技术前沿问题,也是确保经济可持续发展的基本所在。

本章分析我国桥梁安全保障面临的问题和挑战,同时通过桥梁技术状况的统计分析,为我国制定安全保障战略提供参考。

6.1 我国桥梁技术现状与预测

6.1.1 我国桥梁技术现状

我国公路桥梁建设的发展已持续近30年,未来10年仍然是我国公路桥梁的集中建设期,因此对于危旧桥梁的维修改造也将是一个长期的过程,是社会经济发展的必然结果。根据国外的发展经验,混凝土桥梁在投入运营20年后,极易发生耐久性和安全性方面的问题。

为深入分析我国桥梁目前的技术状况,以及按目前的管养措施桥梁技术等级的演化情况,分别统计了我国2010年和2015年的全国公路桥梁技术等级,如表6.1和表6.2所示。

全国公路桥梁技术等级表(2010年) 表6.1

技术状况	国 道		省 道		县 道	
	座	延米	座	延米	座	延米
一类	81836	8295686	53584	4236746	33788	1528744
二类	29693	2535242	30090	1892723	38340	1368930
三类	2607	252232	3262	184843	25340	782330
四类	738	59877	1753	92991	9617	327899
五类	148	8146	554	26197	5879	205811
未评定	84	6525	106	2294	125	2382
总计	115106	11157708	89349	6435794	113089	4216095

全国公路桥梁技术等级表(2015 年)　　　　　　　　　　　　　　　　　表 6.2

技术状况	国道		省道		县道	
	座	延米	座	延米	座	延米
一类	76751	8569672	70067	8683921	36292	1852114
二类	62040	7264538	49424	4412535	44149	1786932
三类	4842	508705	8423	487086	25056	788083
四类	787	79591	2010	151900	7687	285502
五类	124	6732	491	22838	3820	114501
未评定	3161	365978	1900	324863	127	4422
总计	147705	16795216	132315	14083144	117131	4831554

从表中可以看出,不同路线等级的桥梁技术状况特征差别较大。2015 年的技术状况统计资料表明,国道处于一、二、三类的桥梁总共 143633 座,占总数的 97.24%,四类桥 787 座,占总数的 0.53%,五类桥 124 座,占总数的 0.08%;省道处于一、二、三类的桥梁总共 127914 座,占总数的 96.67%,四类桥 2010 座,占总数的 1.52%,五类桥 491 座,占总数的 0.37%;县道处于一、二、三类的桥梁总共 105497 座,占总数的 90.07%,四类桥 7,687 座,占总数的 6.56%,五类桥 3820 座,占总数的 3.26%。乡道桥梁四、五类桥梁共 24567 座,占总数的 14.4%。统计数据表明桥梁的养护状态与其技术状况的相关性明显,桥梁路线等级在一定程度上反映了其养护状态。在加强高等级公路桥梁的养护管理的同时,对技术等级低的县乡村公路桥梁应予以重视。

从表 6.1 和表 6.2 的对比可以看出,2015 年和 2010 年相比较,我国桥梁的技术等级有了明显改善。尤其是省道和县道的技术等级状况,如县道的四、五类桥梁数量分布由 9617 座和 5879 座下降到 7687 和 3820 座,分别降低了近 20% 和 30%。2001 年交通部开始加大了对危桥集中改造的力度,"十五"期间,投入危桥改造资金 87.4 亿元,"十一五"期间,投入危桥改造资金 189.5 亿元,危桥数量增长势头得到有效遏制,国省道危桥明显减少。总的来看,危桥治理初见成效,通过我国对桥梁养护加固的持续投入,对危桥改造的大力推进,我国桥梁的技术状况情况总体趋势良好。但对于农村公路的危桥改造,以及半永久性桥梁和临时性桥梁的改建等方面的工作还应进一步加强,养护管理的任务艰巨,还需加大资金和技术方面的投入。

为进一步摸清我国服役桥梁的技术等级状况,并深入分析我国桥梁面临的安全风险,本书统计了自 1950 年以来,不同时期建设的桥梁技术等级状况,如表 6.3 所示。

国、省、县道四、五类桥年代分布表　　　　　　　　　　　　　　　　　　　表 6.3

建设年代	四类桥			五类桥		
	国道	省道	县道	国道	省道	县道
2010 年以后	11	12	34	0	3	16
2000—2009 年	271	732	1402	29	108	597
20 世纪 90 年代	259	566	1568	49	135	747
20 世纪 80 年代	99	266	1985	12	102	1182
20 世纪 70 年代	72	285	1699	12	100	862
20 世纪 60 年代	65	119	727	20	30	319
20 世纪 60 年代以前或不详	10	30	272	2	13	97

根据2015国、省、县道桥梁统计数据,20世纪80年代以前的桥梁38170座、20世纪80年代修建的桥梁26580座、20世纪90年代修建的桥梁59883座、2000—2005年修建的桥梁94826座、2006—2010年修建的桥梁91718座,据此初步估算国、省道桥梁的桥龄为15年左右。从表中可以看出,国、省、县道的四、五类桥主要为2000年以前修建的桥梁,20世纪90年代以前修建的桥梁所占比例略大,四、五类桥数量随桥龄呈明显上升趋势。目前,我国20世纪90年代后修建的桥梁逐渐达到20年桥龄,而从我国桥梁建设的发展历程来看,20世纪90年代恰恰是我国建设高峰的开始,国省道桥梁所占比例较多,对交通安全和国民经济的影响较大。因此我国桥梁将逐渐进入重大养护期,需要大修的桥梁数量将逐年攀升,根据目前的桥梁建设的发展情况来看,这一过程将持续30年以上。

为进一步了解桥梁技术状况的演化情况,本书通过2010和2015年的桥梁技术状况统计资料,在一定的假设基础上,通过数学模型分析估计20、30年后的桥梁技术状况情况,为我国制定桥梁安全保障战略提供参考。

6.1.2 桥梁技术状况预测模型

在役桥梁实施预防性养护,确定预防性养护时机需要明确桥梁现在和未来的技术状况,这就需要建立桥梁技术状况预测模型,准确模拟桥梁结构性能退化。引起桥梁技术状况的影响因素众多,而且作用机理十分复杂,加上各种因素往往不是单独存在,经常是多种组合在一起,使得在模拟桥梁技术状况时十分困难。尽管如此,针对桥梁技术状况的研究一直在进行中,而且经过几十年的发展,已经出现了很多桥梁技术状况的预测模型,其中一些被用在桥梁技术状况退化预测中,显示出良好的效果。

1)桥梁技术状况预测模型分类

针对桥梁技术状况退化的预测主要有两种,一种是根据桥梁结构历年技术状况统计数据,利用概率统计等数学方法预测桥梁技术状况;另一种是根据影响桥梁结构技术状况的因素,研究影响因素与桥梁技术状况的时变关系,预测桥梁结构退化情况。前一种方法应用相对简单,目前发展较为成熟,是国内外桥梁结构退化预测的常用方法;后一种方法需要大量的基础数据和繁杂的模拟过程,并且需要多种学科的配合,目前处在探索阶段。

针对桥梁结构退化规律的研究,国外相关机构从20世纪70年代便展开了工作,并提出了一些预测模型,经过长期的探索实践和相关学科的发展,尤其在计算机技术发展的帮助下,当前桥梁结构退化预测的研究取得了很大的进展,预测模型主要集中在以下三种形式:确定性模型、随机模型和人工智能模型。

(1)确定性模型

该模型是采用概率统计的数学方法对桥梁结构退化影响因素和结构状态进行描述,确定性地预测将来结构状态,没有考虑随机性和关联性问题。优点是原理清晰、使用简单方便、预测效率高,尤其在计算机技术发展前,该预测模型成为预测桥梁结构退化状况预测的主要方法。但是该模型也存在着明显的缺点:

①没有考虑桥梁结构退化影响因素的不确定性和变量的不可预测性。

②预测的结果是总体的平均状况,对单独个体的特殊性无法预测。

③没有考虑不同构件退化的相互影响。

④修正模型需要采集大量新数据。

目前,鉴于该模型方便使用,仍然有很多学者采用该方法对桥梁结构退化状况进行预测。

(2)随机模型

为了在桥梁结构退化过程中加入考虑不确定性和随机性,可以将退化过程作为一个或多个变量对待。目前,马尔可夫模型是应用最广泛的随机模型,该模型通过定义结构的状态,并确定初始状态,计算一种状态到另一种状态的概率来预测退化状况。相比较确定性模型,马尔可夫模型考虑了退化过程中的不确定性和当前状态对将来状态预测的影响,但仍然存在着一些不足的地方:

①马尔可夫模型中状态转移时间间隔假定是离散的而不是连续的,状态转移的概率是固定的,而这有悖于实际。

②该模型主要是对历史统计数据的分析,同样没有考虑不同构件之间退化的相互作用、相互影响。

③应用马尔可夫模型,通常假定结构的状态为几个独立的部分,预测的将来结构状态只与当前的状态有关,与以前状况无关,这也不符合实际情况。

虽然马尔可夫模型还存在着一些不足,但是该模型与当前的桥梁检测能够很好地结合,数据便于采集,预测结果的可靠度良好,因此国内外广泛地使用该方法预测。

(3)人工智能模型

人工智能模型是伴随计算机技术的发展而产生的,人工智能技术有:专家经验法、人工神经网络、基于事件的推理等。专家经验法是专家依据自己的经验,对桥梁结构技术状况评价,给出一定的分值,然后利用计算机自动化专家评分的方法,该方法主观性强,很大程度上依赖专家的自身经验,结果的可靠度与专家的理论水平、知识范围等密切相关;将人工神经网络技术应用于模拟桥梁结构退化,Sobnajo 和 Tokemir 等学者做了多项研究,Sobnajo 采用多层的人工神经网络,将桥龄与上部结构的等级状况联系了起来,Tokemir 提出了更多变量(桥龄、交通量、几何和结构特性)预测桥梁技术状况等级,该方法有确定性的属性,归于改进的确定性模型;基于事件的推理(Case-based Reasoning)是在桥梁信息库中搜索出与当前桥梁技术状况最为接近的桥梁,根据接近的桥梁结构退化规律预测当前桥梁的退化过程,该方法是近些年出现的预测桥梁结构状况的新方法。

2)马尔可夫理论

马尔可夫理论是俄罗斯的安德烈·马尔可夫在 1906—1912 年提出的用数学分析方法研究自然过程的理论,由马尔可夫链和马尔可夫过程组成。马尔可夫理论已经被广泛用于自然科学、工程技术和公用事业中。

给定随机过程 $\{X(t),t\in T\}$,如果对任意正整数 $n\geq 3$,任意的 $t_1<t_2<\cdots<t_n,t\in T,i=1,\cdots,n$,任意的 $x_1,\cdots,x_{n-1}\in E$,其中 E 是 $X(t)$ 的状态空间,总有

$$P(X(t_n)\leq x_n|X(t_1)=x_1,\cdots,X(t_{n-1})=x_{n-1})=P(X(t_n)\leq x_n|X(t_{n-1})=x_{n-1}),x_n\in R$$

(6.1)

那么,称 $\{X(t),t\in T\}$ 为马尔可夫过程。

如果把时刻 t_{n-1} 看作"现在",相对于 t_{n-1} 而言,时刻 t_n 是"将来",时刻 $t_1<t_2<\cdots t_{n-2}$ 是

"过去"。马尔可夫过程要求:已知过程现在的状态$X(t_{n-1}) = x_{n-1}$,过程将来的状态$X(t_n)$与过程过去的状态$X(t_1) = x_1, \cdots, X(t_{n-2})$无关,这体现了马尔可夫过程具有无后效性,通常也把无后效性称为马尔可夫性。

对状态空间$E = \{1,2,3,\cdots\}$,给定随机序列$\{x_n, n \geq 0\}$,如果对任意正整数$k \geq 2$,任意的$0 \leq t_1 < t_2 < \cdots < t_{k+1}$,任意的非负整数$i_1, i_2, \cdots, i_k$,如条件概率函数总是满足

$$P(X_{t_{k+1}} = i_{k+1} | X_{t_1} = i_1, \cdots, X_{t_k} = i_k) = P(X_{t_{k+1}} = i_{k+1} | X_{t_k} = i_k), i_{k+1} \in E \quad (6.2)$$

那么称$\{x_n, n>0\}$为离散时间的马尔可夫链,简称为马尔可夫链(或马氏链)。如果对一切正整数n,一切$i, j \in E$,转移概率$(X_{m+n} = j | X_m = i)$与m无关,那么,称$\{x_n, n>0\}$为齐次马尔可夫链。

从马尔可夫链不难看出,随机现象具有鲜明的无后效性。此外,通常运用马尔可夫链都是利用齐次马尔可夫链,即状态转移概率不随时间而改变。然而如果模型预测时间尺度很长,经历生长、发展、成熟、衰竭等变化,再将这些不同阶段作为一个过程考虑就不够准确,有时甚至偏差很大。因此,常将整个模拟过程人为的划分成一系列时间段,每个时间段内采用不同的转移概率,使用修正的、动态的马尔可夫链模拟随机过程。

对于齐次马尔可夫链$\{x_n, n>0\}$,通常记转移概率:

$$p_{ij}(n) = P(X_{m+n} = j | X_m = i) \quad (6.3)$$

并称$p_{ij}(n)$为齐次马尔可夫链$\{x_n, n>0\}$的n步转移概率,$n = 1, 2, \cdots$。它表示经过n个转移步骤后,系统状态由i转换成j的概率。

把一步转移概率用矩阵形式表示如下:

$$P = \begin{bmatrix} p_{11} & p_{12} & p_{13} & \cdots \\ p_{21} & p_{22} & p_{23} & \cdots \\ p_{31} & p_{32} & p_{33} & \cdots \\ \vdots & \vdots & \vdots & \end{bmatrix} \quad (6.4)$$

则n步转移概率矩阵$P(n)$和一步转移概率矩阵P之间的关系$P(n) = P^{(n)}$,表示成矩阵的形式:

$$P(n) = \begin{bmatrix} p_{11}(n) & p_{12}(n) & p_{13}(n) & \cdots \\ p_{21}(n) & p_{22}(n) & p_{23}(n) & \cdots \\ p_{31}(n) & p_{32}(n) & p_{33}(n) & \cdots \\ \vdots & \vdots & \vdots & \end{bmatrix} = \begin{bmatrix} p_{11} & p_{12} & p_{13} & \cdots \\ p_{21} & p_{22} & p_{23} & \cdots \\ p_{31} & p_{32} & p_{33} & \cdots \\ \vdots & \vdots & \vdots & \end{bmatrix}^n \quad (6.5)$$

3)基于马尔可夫过程的桥梁技术状况模型PH

在20世纪90年代,美国就使用马尔可夫过程模拟桥梁的退化规律,建立了马尔可夫桥梁技术状况模型。主要是通过桥梁检查获得桥梁技术状况,并按照一定的规则对技术状况等级进行评定,对长期的检测评定结果进行统计分析,计算得到反映桥梁技术状况规律的状态转移概率矩阵。

通常桥梁结构在正常的维护下,在一个检测周期内结构的状态要么维持原状,要么降低到更差的等级。用马尔可夫链模拟桥梁等级退化时,随着时间发展,桥梁的等级也不断降低,规定状态0表示结构的性能最好,因此在马尔可夫链的转移概率矩阵中,通常下三角区的数值为

零,即:

$$P = \begin{bmatrix} p_{11} & p_{12} & p_{13} & \cdots \\ 0 & p_{22} & p_{23} & \cdots \\ 0 & 0 & p_{33} & \cdots \\ \vdots & \vdots & \vdots & \cdots \end{bmatrix} \quad (6.6)$$

除非对结构进行过更换、加固处理,使其性能有显著提高,才会出现矩阵下三角区不为0的情况。鉴于养护周期内对结构进行加固处理,使性能提高,会使得退化转移概率矩阵变得复杂,因此通常假定在一个评定周期内,结构状态维持不变或者等级下降,不考虑等级提高的情况,以简化计算过程。

由马尔可夫链的定义,首先要确定桥梁或构件的状态空间(即 E)。下面结合我国规范《公路桥涵养护规范》(JTG H11—2004)对结构的状态空间加以说明。在《公路桥涵养护规范》(JTG H11—2004)中,将桥梁构件根据缺损状况分为五个等级,见表6.4。根据构件等级计算出桥梁的状态评分,满分为100,当分数低于40分时,认为结构处于"差的状态",甚至"危险状态",对应于规范中的四类、五类桥。

桥梁部件缺损状况评定方法 表6.4

缺损状况及标度			综合评定标度					
缺损程度及标度		程度	小→大					
			少→多					
			轻度→严重					
		标度	0	1	2			
缺损对结构使用功能的影响程度	无、不重要	0			0	1	2	
	小、次要	+1			1	2	3	
	大、重要	+2			2	3	4	
以上两项评定组合标度			0	1	2	3	4	
缺损发展状况的修正	趋势稳定	−1		0	1	2	3	
	发展缓慢	0		1	2	3	4	
	发展较快	+1	1	2	3	4	5	
最终评定结果			0	1	2	3	4	5
桥梁技术状况及分类			完好	良好	较好	较差	差的	危险
			一类	二类	三类	四类	五类	

注:"0"表示完好状态,或表示没有设置的构造部件。当缺损程度标度为"0"时,不再进行叠加。
"5"表示危险状态,或表示原未设置,而调查表明需要补设的部件。

由表6.4可以确定构件状态空间为 $E = \{1,2,3,4,5\}$,它们分别对应一类、二类、三类、四类、五类五种状态。通常是不允许桥梁处于危险状态,即桥梁管理中避免五类桥的出现。《公路桥涵养护规范》(JTG H11—2004)指出:为了评定桥梁使用功能,给管理养护提供基础数据,应对桥梁及其附属构造物的技术状况进行周期性检查评定,即定期检查,假定检查周期为 T。

为评定桥梁使用功能,制订管理养护计划提供基本数据,对桥梁及附属构造物的技术状况应周期性地进行全面检查,即定期检查,定期检查的周期为 T,结构评定每 T 时段作为一个状态转移点。

结构在 t 时刻处于状态 $E(t)$ 时,一个检测周期后结构的状态 $E(t+T)$ 可以表示为:

$$E(t+T) = E(t)P(t+T) \tag{6.7}$$

对于一个稳定的退化过程,$P(t+T)$ 的大小与 T 无关,即 $P(t+T) = P(t)$。因此,经历 n 个检测周期后,结构的状态 $E(t+nT)$ 可表示为:

$$E(t+nT) = E(t)P(t)^n \tag{6.8}$$

因此,在已知结构的初始状态并确定退化转移概率矩阵后,就可以计算任意时刻 $(t+nT)$ 的结构的状态。

6.1.3 桥梁技术状况预测步骤

根据上述分析,本节建立桥梁技术状况分布的马尔可夫预测模型主要基于以下假定:结构的性能指标是离散的;性能函数从某一状态转移到另一个状态的概率只与当前的状态有关,而与之前的状态无关;结构的转移性能不是时变的。

通过以上分析,运用马尔可夫过程进行桥梁技术状况预测分为以下步骤:

(1)定义桥梁技术状况分布空间。

按《公路桥涵养护规范》(JTG H11—2004)中对桥梁技术状况的评定等级,将桥梁技术状态空间以单位 1 为间隔分 5 个状态进行离散,即状态空间 $I = \{I_1, I_2, I_3, I_4, I_5\}$,根据桥梁 t 时刻的状态变量 $P(t)$ 来评价桥梁技术状况分布。

(2)桥梁技术状况分布向量的计算。

对于新建桥梁,一般情况下只要新建桥梁通过竣工验收,即可认为 $P(t_0=0) = \{p_1(0), p_2(0), p_3(0), p_4(0), p_5(0)\} = \{1,0,0,0,0\}$,个别桥梁除外。

对于在役桥梁,可以使用模糊综合评价法进行评价计算。

(3)计算状态转移概率矩阵。

本节使用基于逆阵的方法对状态转移概率矩阵进行计算。基于逆阵的方法计算状态转移概率矩阵的求解公式如下:

$$[\pi] = \begin{bmatrix} p_{11} & p_{12} & p_{13} & p_{14} & p_{15} \\ p_{21} & p_{22} & p_{23} & p_{24} & p_{25} \\ p_{31} & p_{32} & p_{33} & p_{34} & p_{35} \\ p_{41} & p_{42} & p_{43} & p_{44} & p_{45} \\ p_{51} & p_{52} & p_{53} & p_{54} & p_{55} \end{bmatrix} = A^{-1}B \tag{6.9}$$

式中,P_{nm} 为根据正常养护措施,从状态 n 到状态 m 的转移概率。

矩阵 A 和 B 如下:

$$A = \begin{bmatrix} a_1 & b_1 & c_1 & d_1 & e_1 \\ a_2 & b_2 & c_2 & d_2 & e_2 \\ a_3 & b_3 & c_3 & d_3 & e_3 \\ a_4 & b_4 & c_4 & d_4 & e_4 \\ a_5 & b_5 & c_5 & d_5 & e_5 \end{bmatrix} = A^{-1}B \quad (6.10)$$

(4)根据第(2)、(3)步所得结果计算未来某时段桥梁技术状况的分布,新建桥梁以桥梁竣工时刻为起点,其状况分布为:

$$P(t_i) = P(0)[\pi]^{t_i} \quad (6.11)$$

式中,$P(t_i)$ 为竣工 t_i 年桥梁技术状况的分布向量预测值;$P(0)$ 为竣工时刻的分布向量;$[\pi]$ 为桥梁技术状况一步的转移概率矩阵。

在役桥梁以当前时刻为起点,其状况分布为:

$$P(t_i) = P(t_0)[\pi]^{t_i - t_0} \quad (6.12)$$

式中,$P(t_0)$ 为当前时刻桥梁技术状况的分布向量,可由模糊评估法求得。

根据前文所述,桥梁预防性养护要求桥梁技术状况等级不能退化至三类桥梁,即桥梁技术状况不允许转移到 I_3,即在第 t 年桥梁技术状况分布的评价指标 $\beta(t)$ 大于或等于最低状态分布指标 $\beta_{\min}$ 的概率 $R(t)$ 为:

$$R(t) = P\{\beta(t) \geq \beta_{\min}\} = p_1(t) + p_2(t) \quad (6.13)$$

一般情况下,可以采用工程中常用的 85% 保证率来判断桥梁技术状况是否达到允许状态,也即当预测指标 $R(t) < 85\%$ 时,桥梁结构技术状况退化至三类桥,此时确定为桥梁的养护时机。

本章针对混凝土桥梁预防性养护时机的确定,主要从两个方面进行了研究,一方面是从桥梁技术状况的角度出发,在桥梁技术状况退化至三类桥之前进行预防性养护,根据马尔可夫桥梁技术状况模型,可以预测桥梁技术状况的退化规律,从技术状况退化与时间对应的关系中,可以得到桥梁技术状况退化至三类桥对应的时间,即此时需要对桥梁进行预防性养护,避免桥梁技术状况进一步降低;另一方面从桥梁养护费用的角度出发,建立了养护费用的数学模型,将桥梁技术状况、养护资金的时间价值和养护费用联系在一起,通过分析比较寿命周期内桥梁的矫正性养护费用和采用不同周期的预防性养护费用,得到养护费用最少对应的养护周期,即最优的桥梁预防性养护时机。

6.1.4 全国桥梁技术等级状态分析与预测

在本节的分析中,假设我国保持目前的桥梁建设与维护技术、建设与管理政策及投入基本不变,因此可以假设一定时期内建设桥梁随时间的劣化程度基本相同,因此由于所处环境、交通等外部因素的差别,桥梁技术状况的劣化比例应基本相同。因此,可以通过近 30 年来新建桥梁和在役桥梁技术状况的比例以及发展变化情况,推测我国桥梁技术等级随时间的变化情况。

为进一步摸清我国服役桥梁的技术等级状况,并深入分析我国桥梁面临的安全风险,本书统计了自 1950 年以来,不同时期建设的桥梁技术等级状况,如表 6.5 所示。

全国公路桥梁技术等级表（按年份统计）　　　　表6.5

项目	一类座数	二类座数	三类座数	四类座数	五类座数	未评定座数	小计座数
国道合计							
1950年以前	177	147	46	5	2	135	512
1950—1959年	128	167	55	5	0	2	357
1960—1969年	388	825	205	65	20	2	1,505
1970—1979年	465	976	272	72	12	7	1804
1980—1989年	916	1829	326	99	12	28	3210
1990—1999年	8402	12717	1347	259	49	545	23319
2000—2009年	37855	38716	2139	271	29	63	79073
2010—2015年	28420	6663	452	11	0	2379	37925
省道合计							
1950年以前	171	97	82	8	3	0	361
1950—1959年	193	382	159	22	10	2	768
1960—1969年	983	1845	789	119	30	2	3768
1970—1979年	1430	3109	1386	285	100	24	6334
1980—1989年	1517	3112	1149	266	102	33	6179
1990—1999年	5008	10159	1868	566	135	75	17811
2000—2009年	22564	23946	2678	732	108	122	50150
2010—2015年	38201	6774	312	12	3	1642	46944
县道合计							
1950年以前	336	377	588	141	48	0	1490
1950—1959年	309	613	413	131	49	0	1515
1960—1969年	1059	2252	1855	727	319	0	6212
1970—1979年	2701	5508	4880	1699	862	5	15655
1980—1989年	3211	6703	5776	1985	1182	8	18865
1990—1999年	4559	9620	4810	1568	747	12	21316
2000—2009年	14327	16568	6248	1402	597	91	39233
2010—2015年	9790	2508	486	34	16	11	12845
乡道合计							
1950年以前	515	799	793	161	179	8	2455
1950—1959年	302	415	620	172	150	3	1662
1960—1969年	1351	1702	2150	901	786	14	6904
1970—1979年	5271	7211	9272	3462	2723	49	27988
1980—1989年	6413	10189	12013	4397	3360	64	36436
1990—1999年	6743	13538	12891	2961	2257	68	38458
2000—2009年	14571	18052	10718	1707	1214	111	46373
2010—2015年	6718	1708	995	71	64	151	9707

以国道为例，为分析桥梁技术等级发展趋势，将各种技术类别的桥梁所占比重随时间的发展关系绘制于图6.1，图中横坐标为桥梁服役时间，纵坐标为不同技术等级桥梁所占比重。

第6章 我国桥梁安全保障面临的挑战

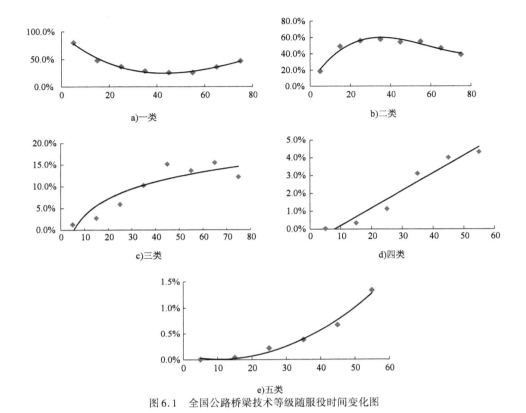

图 6.1　全国公路桥梁技术等级随服役时间变化图

从上述不同技术等级的桥梁随服役时间变化图可以看出，三类、四类和五类的桥梁的比例随着服役时间逐渐增加。同时，三类桥梁的比例增加较为平缓，四类桥梁增加比较迅速，五类桥梁增加呈加速增长的趋势。这是由于桥梁的承载力和技术状况随着服役时间的增长而随之下降，到达一定年限后其技术等级将迅速降低，影响桥梁结构的安全，带来一定的安全隐患；而且随着时间的推移，桥梁逐渐趋向于其设计极限寿命，因此五类桥梁的数量会呈加速增加趋势。需要指出的是，图中纵坐标为三、四和五类桥梁所占比例，而实际上，我国经济大发展过程中每年均有大量桥梁修建，因此实际桥梁技术等级较差的桥梁总数实际上增加更为迅速。

同时从图 6.1 中可以看出，一类、二类桥梁的比例基本保持平稳波动，这是因为服役初期的桥梁均为一类桥梁，在经过一段时间的服役后部分性能下降，变为二类桥梁，但仍然可以正常服役。由于每年均有大量桥梁修建，每年又有一部分桥梁技术等级由于桥梁的劣化变为三级或者四、五级，同时，还有一部分桥梁在目前的养护、维修、加固下，技术等级恢复为二级或者一级，因此一、二级桥梁的比例基本保持不变。

根据上述分析，若我国维持现有的桥梁建设与管理技术水平，可以预测我国既有国道桥梁 2016—2045 年（未来 30 年）的桥梁技术状况，结果如图 6.2 所示。

从图 6.2 可以看出，如果保持现有的桥梁建设速度和技术手段，并且维持当前的桥梁管理养护措施及投入，我国现役桥梁整体技术状况随时间推移，大量桥梁劣化效应显著，技术等级会严重下降。2045 年，一类桥所占比例由当前的 52.0% 下降至 26.8%，减少了近 1/2；一部分一类桥劣化成二类，而当前二类桥又有一部分劣化成了三类，这样"一增一减"使得总体上二类桥的变化幅度较小;而三类桥从 1.5% 迅速增加至 4.3%;三、四、五类桥梁所占比例将接近全国国道桥梁总量的 25%, 说明此时全国接近 1/4 的桥梁存在病害较多或承载能力不足的状况。

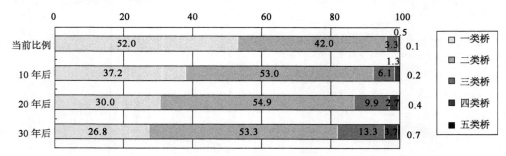

图 6.2　全国国道公路桥梁技术等级预测图(单位:%)

采用同样的分析方法,可以预测我国省道、县道和乡道桥梁技术状况发展趋势,如图 6.3～图 6.5 所示。

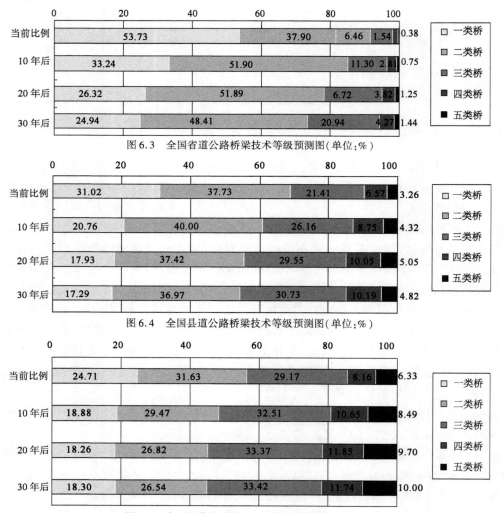

图 6.3　全国省道公路桥梁技术等级预测图(单位:%)

图 6.4　全国县道公路桥梁技术等级预测图(单位:%)

图 6.5　全国乡道公路桥梁技术等级预测图(单位:%)

全国公路桥梁技术等级预测见图6.6。

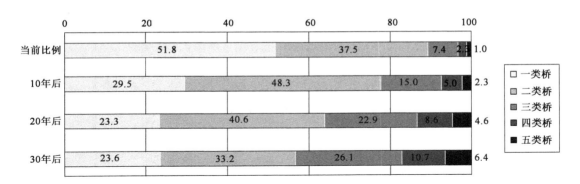

图6.6　全国公路桥梁技术等级预测图(单位:%)

可以看出,国、省、县和乡道公路桥梁技术等级的变化趋势基本相同,随着服役时间的增加,三、四和五类桥梁的比例逐渐增加,2045年(30年后),如果保持现有的桥梁建设速度、技术水平和管理养护方法,全国约有50%的桥梁存在安全隐患,需要进行维修加固。同时可以看出,由于县道、乡道公路的设计、施工和管理水平相对较弱,30年后,三、四、五类桥梁所长占比例将超过全国县、乡道桥梁总量的50%,安全隐患极大。因此桥梁安全保障的风险在县、乡道公路上更加严峻。

6.1.5　山区(重庆市、湖南省)桥梁技术状态分析与预测

重庆市为典型的山区,所建桥梁以石拱桥为主,山区独特的地质、气候环境和交通条件,使得重庆地区的桥梁安全保障面临的问题和存在的风险与我国其他地区有所不同,为深入分析山区桥梁的技术状态和发展趋势,本节对重庆地区的桥梁技术状态进行了分析和预测。经过广泛调研,搜集了当前重庆市桥梁技术状况等级相关数据,并按照上文方法进行了分析,结果见表6.6、图6.7。

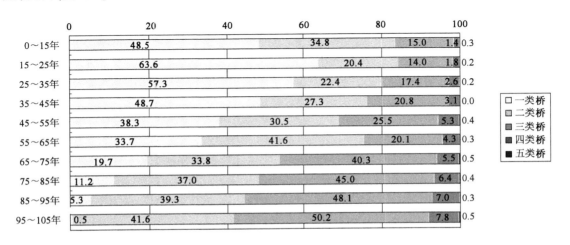

图6.7　重庆公路桥梁技术等级预测(单位:%)

表 6.6 重庆地区公路桥梁技术等级表(按年份统计)

项目	按技术等级分类										合计	
	一类		二类		三类		四类		五类			
	座	延米	座	延米	座	延米	座	延米	座	延米	座	延米
1960年以前	124	3103.70	153	4101.30	74	28934.30	16	388.15	1	16.00	368	36543.45
1960—1970年	201	5653.50	160	4564.78	134	4317.30	28	858.40	2	23.50	525	15417.48
1970—1980年	564	14395.42	316	9673.94	241	7886.60	36	1033.90			1157	32989.86
1980—1990年	715	22774.10	280	8932.00	217	7366.60	33	1182.70	3	218.00	1248	40473.40
1990—2000年	1580	43277.93	506	21621.95	348	17008.98	45	1892.40	4	161.00	2483	83962.26
2001—2015年	1140	55667.35	817	64215.21	353	27337.79	34	3852.88	6	138.50	2350	151211.73
未知	184	6048.95	60	3111.30	28	886.40	8	164.55	5	242.50	285	10453.70
总计	4508	150921	2292	116220	1395	93738	200	9373	21	800	8416	371052

采用统计分析手段,得到了当前既有桥梁技术状况的现状,并进行了预测。结果显示,随着服役年限的增长,桥梁整体技术状况呈较为明显的劣化趋势,近年建造的桥梁,由于服役年限较短,桥梁整体状况较好,一类、二类桥梁的占比较大,随着服役年限的增长,桥梁整体技术状况呈较为明显的下降趋势,三、四、五类桥的数量均有不同程度的增长。

基于回归分析与灰色理论,预测了重庆既有桥梁2016—2055年的技术状况等级情况,结果是明显的,采用当前的养护手段及投入,重庆桥梁整体技术状况随时间推移,劣化效应显著,到2055年,一类桥数量占桥梁总体数量的比例从53.6%下降至25.4%,减少了近1/2,三类桥从16.6%变化到30.5%,增加到2倍,三类、四类桥占到桥梁总量的36.9%,此时重庆近4成的桥梁存在较为严重的病害或承载能力不足的状况。

湖南地处山区,尤其是湘西为山岭重丘区,总体地势北西部高,南东部低,山体高大,山势宏伟并呈丘陵起伏台地,具有典型的山区桥梁的特点。经过广泛调研,搜集了当前湖南省桥梁技术状况等级相关数据,并按照前述方法进行了分析,结果见表6.7、图6.8。

湖南地区公路桥梁技术等级表(按年份统计)　　　　　　　　表6.7

项目	一类	二类	三类	四类	五类	合计
1960年以前	187	335	482	32	30	1066
1960—1970年	668	928	1482	80	92	3250
1970—1980年	1496	2313	5012	210	468	9499
1980—1990年	1360	2136	3944	132	290	7862
1990—2000年	790	2332	2789	92	186	6189
2001—2015年	5253	2630	1722	104	141	9850
总计	9754	10674	15431	650	1207	37716

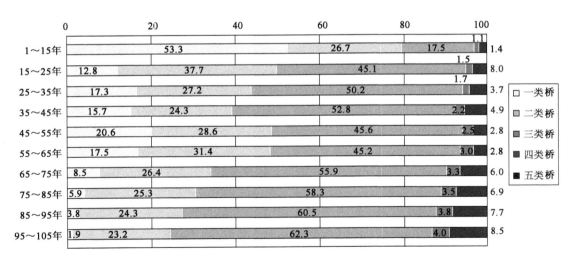

图6.8　湖南省公路桥梁技术等级预测(单位:%)

基于回归分析与灰色理论,预测了湖南既有桥梁2016—2055年的技术状况等级情况,结果是明显的,采用当前的养护手段及投入,湖南桥梁整体技术状况随时间推移,出现劣化效应。到2055年,一类桥数量占桥梁总体数量的比例从25.9%下降至11.58%,减少了近1/2,三类桥从40.9%变化到46.5%,小幅增加,三类、四类桥占到桥梁总量的53.97%,此时湖南一半多的桥梁存在较为严重的病害或承载能力不足的状况。

需要指出的是,本节采用的方法为假设桥梁的技术状态劣化趋势仍然保持和现有程度基本相同。但实际上,桥梁在服役过程中,受交通、环境荷载的影响,其抗力会逐渐衰退,因此实际桥梁寿命衰退呈加速趋势,如果不引起重视,实际桥梁的安全隐患要比本节预测值更大。

6.2 我国桥梁安全面临的问题和挑战

对于已服役桥梁,结构抗力在其服役期内不应出现显著变化,而桥梁的运营荷载是一个随机的过程,在设计阶段通过一定的安全储备来适应桥梁活载的随机性,以确保在正常使用条件下桥梁结构的安全性和耐久性。然而,由于运营模式的变化、路线功能、超载等人为因素改变了荷载随机特征,而桥梁结构在服役期不能主动适应桥梁荷载的变化,桥梁结构的安全性和使用寿命便大幅降低。荷载因与环境作用对耐久性的影响往往是耦合的,桥梁荷载因素在一定程度上加速桥梁结构的劣化过程,特别当荷载超出结构正常使用的范围时,容易引起桥梁早期病害的产生而诱发一系列的耐久性问题,如混凝土表面的裂缝、桥面系的损坏造成桥梁正常使用功能的退化等。随着我国经济的发展,公路交通的特点发生了很大变化,就公路汽车荷载而言,其变化主要体现在货运汽车的载重能力、交通组成、交通量等方面。

近年来,我国桥梁垮塌事故频繁出现,如何保障重大桥梁的安全已成为困扰我国的重要问题。我国针对桥梁安全出台了一系列的战略计划和技术措施,总体来看设计期和施工期的安全保障技术与措施相对完善,而缺乏运营期的风险评估与安全保障技术。

6.2.1 桥梁建设标准不统一

我国桥梁建设标准经过了多次修订,造成目前桥梁建设标准不统一,建设质量参差不齐,给桥梁性能劣化分析带来一定的不利影响。我国公路桥梁20世纪50年代采用《公路工程设计准则》;20世纪60年代采用《公路桥梁设计规范(试行)》(1961年);1975年颁布《公路桥涵设计规范》,1978年颁布《公路预应力混凝土桥梁设计规范》,采用容许应力法进行设计;20世纪80年代颁布《公路桥涵设计通用规范》(JTJ 021—85),《公路钢筋混凝土及预应力混凝土桥涵设计规范》(JTJ 023—85)等标准,采用极限状态法进行设计;2000年后颁布实施了《公路桥涵设计通用规范》(JTG D60—2004)、《公路钢筋混凝土及预应力混凝土桥涵设计规范》(JTG D62—2004),采用基于可靠度理论的极限状态法进行设计。2015年12月1日实施的《公路桥涵设计通用规范》(JTG D60—2015),主要变化有:

(1)增加了桥涵结构的设计使用年限和耐久性要求。
(2)完善了极限状态的设计理论和方法。
(3)改进了作用组合分类及计算方法。
(4)调整了公路桥梁设计汽车荷载标准。
(5)增加、完善了各种作用标准值的计算规定。
(6)完善了有关桥涵总体设计、环境保护、交通安全保障工程等的相关规定。
(7)增加了桥涵风险评估和安全监测的相关规定。

设计规范的变更造成不同年代修建桥梁的可靠度标准不统一,以桥梁的设计荷载为例,不同年代修建桥梁的设计荷载有一定差别。我国公路主要由国道、省道、县道、乡道和村道构成,不同道路上的桥梁荷载等级有所差别,而且不同年代修建的桥梁依据的规范不同,所采用的设计荷载标准也有所不同,改革开放以来我国采用了 20 世纪 70 年代设计荷载标准、1985 年设计荷载标准和 2004 年设计荷载标准,这些荷载标准只能反映我国一定时期内的公路汽车运营荷载的特征。随着改革开放的不断深入和我国经济的快速发展,早期修建的很多桥梁荷载标准不能满足运营荷载的要求,20 世纪 80 年代及以前修建的桥梁普遍出现了荷载等级不足,无法满足现代交通要求的状况。

中华人民共和国成立以来,我国公路桥梁设计规范经历了 3 次修订,桥梁设计荷载标准经历了 5 次调整。

(1) 1954 年:汽—6、汽—8、汽—10、汽—13、汽—18。
(2) 1956 年:汽—6、汽—8、汽—10、汽—13、汽—18;拖—30、拖—60、拖—80。
(3) 1967 年:汽—10、汽—15、汽—20;履带—50、履带—60、拖车—100。
(4) 1972 年:汽—10、汽—15、汽—20;履带—50、挂车—80、拖车—100。
(5) 1981 年:汽—10、汽—15、汽—20、汽超—20;履带—50、挂车—80、拖车—100、拖车—120。
(6) 2004 年:车道荷载,公路—Ⅰ级、公路—Ⅱ级;车辆荷载 55t。

每次修订,荷载标准总体上是在逐次递增的。这客观上导致了我国公路路网中桥梁的设计荷载标准存在着较大差异,尤其是 20 世纪 80 年代之前修建的桥梁,设计荷载标准明显偏低,已难以适应目前的交通需求。

为此,从 2001 年开始交通部在全国范围内集中改造了一批荷载标准偏低的国省道公路桥梁,并淘汰了一批少筋结构的桥梁,如少筋微弯板、双曲拱等。为适应我国公路交通运输的发展,交通部也对汽车设计荷载进行了调整,2004 年颁布的桥梁设计规范将原来的汽—10、汽—15、汽—20、汽—超 20 四种荷载等级调整为公路—Ⅰ级和公路—Ⅱ级,基本取消了汽—10、汽—15 两类荷载标准。调整后的荷载标准在一定程度上提高了我国公路桥梁的安全水平,但桥梁设计荷载与实际运营的汽车荷载缺少必要的相似性,桥梁设计荷载不能反映汽车荷载特征,在一定程度上给桥梁养护管理带来了不便。

从表 6.8 可以看出,根据我国不同路线等级的桥梁荷载标准要求,国道基本以汽超—20 和公路—Ⅰ级荷载等级为主,公路—Ⅰ级和汽—超 20 级的桥梁分别为 53626 座和 32215 座,比例为 46.6% 和 28.0%;公路—Ⅱ级和汽—20 级的桥梁 13840 座和 11070 座,比例分别为 12.0% 和 9.6%;低于汽—20 级的桥梁 4355 座,比例为 3.8%。省道桥梁荷载等级分布比较均匀,公路Ⅰ级和汽—超 20 级的桥梁分别为 23675 座和 7871 座,比例为 26.5% 和 8.8%;公路—Ⅱ级和汽—20 级的桥梁 28840 座和 19334 座,比例分别为 32.3% 和 21.6%;低于汽—20 级的桥梁 9629 座,比例为 10.8%。县道桥梁基本以汽—20 和公路—Ⅱ级荷载等级为主,公路—Ⅰ级和汽—超 20 级的桥梁分别为 6468 座和 4411 座,比例为 5.7% 和 3.7%;公路—Ⅱ级和汽—20 级的桥梁 63927 座和 15929 座,比例分别为 55.6% 和 14.1%,汽—15 级的桥梁 14292 座,比例为 12.6%;低于汽—15 级的桥梁 9062 座,比例为 8.0%。

因此,实际上,目前服役的各类桥梁中,均存在一定比例的设计汽车荷载低于实际运营时的汽车荷载,这给桥梁的安全保障带来了一定隐患。

我国桥梁设计荷载分类表　　　　表6.8

等　级	座数	延米	国道		省道		县道	
			座数	延米	座数	延米	座数	延米
公路—Ⅰ级	83769	9837649	53626	6531061	23675	2819509	6468	487079
公路—Ⅱ级	105607	4424055	13840	776729	28840	1411672	62927	2235655
汽车超—20级	44497	4196768	32215	3042610	7871	958799	4411	195359
汽车—20级	46333	2217287	11070	648784	19334	943787	15929	624717
汽车—15级	24513	773097	3208	113561	7013	224462	14292	435074
汽车—13级	2828	84024	305	10871	1020	29444	1503	43709
汽车—10级	8423	233212	712	27185	1415	42363	6296	163664
低于汽车—10级	1574	43505	130	6908	181	5758	1263	30838
总计	317544	21809597	115106	11157708	89349	6435794	113089	4216095

6.2.2 桥梁建设质量不统一

由于桥梁设计和安全性评价的理论逐渐完善，我国桥梁设计规范变更体现了我国桥梁建设技术的长足进步，但是，也必须承认，在我国公路建设的高速发展初期建设的不少桥梁也存在安全与耐久性方面的隐患。

近年来，我国在大江大河上、深沟峡谷间修建了为数众多的预应力混凝土连续梁和连续刚构桥，由于在设计和施工上存在一定的缺陷或不足，致使这些桥梁在投入使用1～6年后，普遍暴露出预应力管道压浆不饱满或漏压浆、后期预应力损失偏大、主梁跨中下挠过大、梁体斜向和纵横向开裂等危及桥梁正常使用与耐久性的缺陷与病害；再如：我国近些年修建的高速公路上，采用预制安装施工方法修建了大量的钢筋混凝土和预应力混凝土空心板梁与小箱梁桥，这些桥梁在投入使用以后，普遍出现了梁端支承受力不匀、支座滑脱造成梁体受力不均、横向连接薄弱、铰缝纵向开裂、单板或单梁受力特征显著等现象，在当前频繁重载交通下，存在极大的安全隐患。

同时，1980年以前依据旧标准建设的在用桥梁，技术状况普遍偏差。一是技术标准低（荷载），二是经历了重建轻养时期，三是技术改造资金不足。因此总体技术状况不容乐观。

（1）公路路网中还有为数不少的半永久性桥梁（数量比为2.0%）与临时性桥梁（数量比为1.1%），它们的承载能力普遍偏低，难以适应当前交通运输需求，其抵抗自然灾害的能力较差，安全隐患突出，急需进行"永久化"改造。

（2）1950—1980年，按1981年以前颁布的不同版本的技术标准设计建造的桥梁，设计荷载标准偏低、桥面宽度狭窄。虽然在"六五""七五"期间对它们在进行了全面的技术改造，但由于当时资金有限，技术改造主要是以加固补强和加宽为主。这些桥梁经过20余年的重载交通频繁运行，普遍老化、衰退严重，绝大多数桥梁处于"带病"工作状态。

（3）20世纪80年代前修建的少筋混凝土桥梁（如：壳体桥、少筋微弯板组合梁桥、二铰板拱和双曲拱桥等）、桁架拱桥、刚架拱桥，以及带挂孔的钢筋混凝土双悬臂结构和预应力混凝土T型刚构桥等，由于它们构造与施工上的特点以及结构体系上的弱点，使它们无法适应当前的频繁重载交通，存在冲剪与压溃破坏甚至构件掉落的危险。使用中的辽宁盘锦田庄台辽河大桥挂梁脱落就是一个典型例证。

6.2.3 结构耐久性不足且各地区结构劣化规律差异大

1）混凝土结构老化引起耐久性问题

钢筋混凝土结构不仅充分发挥了自身材料的优势,且以其成本优势成为土木结构的广泛运用材料,世界每年的混凝土用量就超过了100亿t。很长一段时间内,人们都认为混凝土材料很耐久,然而,近些年来,许多混凝土结构因材料的性能退化而引起的事故数量持续增加,且因混凝土结构材料性能的过早劣化而引起的交通基础设施的维修、加固和重建的经济花费巨大。

混凝土桥梁在服役一段时间后会出现混凝土碳化、钢筋锈蚀和混凝土冻融循环等引起的材料性能退化现象,它们都会引起结构自身性能的老化,进而对混凝土桥梁的力学行为产生影响。如碳化会使结构的混凝土表面脱落,保护层厚度的减小加速了钢筋的锈蚀;而钢筋的锈蚀会在顺筋方向产生锈胀裂缝,降低了二者之间的黏结滑移作用,从而降低了结构的承载能力;在饱水状态下由于混凝土内部孔隙水周而复始的冻融循环造成结构由表及里的冻胀破坏,具体现象为冻胀开裂和表面剥落。这些因素都会导致结构材料性能的退化,致使整个结构的安全性和耐久性下降,如若不及时对结构进行检测修复和加固处理,将会导致整个结构的损伤破坏,甚至会出现桥梁事故。

混凝土结构的耐久性问题出现之前有时候是难以察觉的,例如桥梁埋置于土中的桩基础或者脆性破坏的预应力结构。预应力筋因长期处于较高应力作用下,故发生钢筋的腐蚀断裂一般表现为脆性行为,但与此同时很可能外观上钢筋保护层还未脱落。这些不易发现的破坏往往是毫无征兆但造成的损失却是非常巨大的,因此我们要格外注意这类结构的设计,并要对其进行科学、合理的评估。目前,我国相关规范对预应力结构的耐久性问题还没有给出明确的规定,且施工管理技术水平的不同可能会导致结构在服役期间发生破坏甚至倒塌。

2）桥梁拉索耐久性问题突出

拉索由于其强度高、自重相对较小的特点,而被广泛应用于桥梁结构之中,是大跨桥梁的重要组成部分,其质量直接决定着桥梁的服役寿命。因此在我国桥梁中,斜拉桥和悬索桥占有相当大的比重,特别是大跨桥梁。由于拉索长期暴露在空气中,长时间受阳光、雨水等外界因素影响且处于高应力状态,其表面保护层在日晒、雨淋下会出现腐蚀,从而导致拉索断丝等病害,拉索产生病害而使其抗力发生退化,进而造成拉索耐久性的大幅度降低,缩短了拉索在桥梁结构中的实际使用寿命。另外由于其结构的受力特点,当拉索断丝后,造成索内钢丝的内力重新分布,继而拉索恶性循环地继续断丝,严重时会发生承重索的断裂,造成重大安全事故和巨大经济损失。

因设计、施工周期太短考虑不足,后期管养不力,长期裸露于自然环境中的拉索构件,在人为作用、自然环境和材料自身因素作用下处于高应力工作状态,极易导致拉索防护系统破损,发生腐蚀破坏,拉索极限承载力退化加快,最终导致拉索不能继续承载而必须将其更换。表6.9为既有斜拉桥换索情况统计,可以看出所有已换索斜拉桥拉索平均寿命为15年、最短为6年,远小于现有斜拉桥的设计基准期。

斜拉桥拉索换索时间统计 表6.9

桥 名	桥 型	使用年限(年)	更换结构
广东九江大桥	斜拉桥	10	斜拉索
广州海印大桥	斜拉桥	6	斜拉索
济南黄河公路大桥	斜拉桥	13	斜拉索
四川犍为岷江大桥	斜拉桥	10	斜拉索
南宁白沙大桥	斜拉桥	13	斜拉索
浙江章镇斜拉桥	斜拉桥	24	斜拉索
珠海淇澳大桥	斜拉桥	7	斜拉索
佛山西樵大桥	斜拉桥	16	斜拉索
天津永和大桥	斜拉桥	18	斜拉索
南昌八一大桥	斜拉桥	10	斜拉索
上海新五桥	斜拉桥	16	斜拉索
广西红水河铁路斜拉桥	斜拉桥	10	斜拉索
黑龙江富密渠首斜拉桥	斜拉桥	11	斜拉索
上海恒丰路斜拉桥	斜拉桥	14	斜拉索
陕西三原县新龙斜拉桥	斜拉桥	19	斜拉索
柳州壶西大桥	斜拉桥	12	斜拉索
云南三达地怒江大桥	斜拉桥	10	斜拉索
重庆嘉陵江石门大桥	斜拉桥	17	斜拉索
济南黄河公路大桥	斜拉桥	13	斜拉索
抚顺天湖大桥	悬索桥	8	吊杆索
安徽合肥寿春路桥	中承式拱桥	14	吊杆
四川宜宾小南门桥	中承式拱桥	10	吊杆
柳州市文惠桥	拱桥	12	吊杆
广西邕宁邕江大桥	拱桥	6	吊杆
青龙场立交桥	拱桥	14	吊杆
马拉开波桥(委内瑞拉)	斜拉桥	17	斜拉索
wye桥(英国)	斜拉桥	10	斜拉索
克尔菩兰特(德国)	斜拉桥	3	斜拉索
帕斯科-肯纳威克桥(美国)	斜拉桥	5	斜拉索
瓦尔桥(荷兰)	斜拉桥	21	斜拉索
槟城大桥(马来西亚)	斜拉桥	17	斜拉索
卢玲桥(美国)	斜拉桥	20	斜拉索

3) 我国桥梁结构面临的劣化问题差异大

我国地域辽阔,区域经济发展水平和自然环境差异较大,造成不同地区的桥梁病害和损伤表现出较强的区域分布特点。如沿海地区的钢筋混凝土和预应力混凝土桥梁,普遍存在钢筋锈蚀、混凝土保护层剥落等耐久性问题;西北、华北地区由于季节性河流较多、温差较大,下部结构的磨蚀与侵蚀问题较突出;东北等寒冷地区,混凝土桥梁结构的冻融损伤问题较典型;南方地区的基础冲刷和水毁问题较严重。

目前我国公路桥梁的建造材料主要分成钢筋混凝土、钢和圬工三大类。不同建筑材料其耐久性影响的因素是不同的。对于钢筋混凝土桥梁耐久性病害主要表现为钢筋锈蚀、冻融破坏、混凝土剥落、粉化等,其环境作用主要是通过侵蚀诱发钢筋的锈蚀,包括大气腐蚀、水腐蚀和土壤腐蚀,主要受到碳化、氯离子侵蚀、酸雨和工业污染等环境作用,而对混凝土和圬工材料的作用主要是造成混凝土材质性能的劣化,主要受到冻融循环、酸雨、硫酸盐、风蚀等作用。对于钢桥受到的主要腐蚀环境是大气腐蚀,表面病害有均匀腐蚀和局部腐蚀,其中处于海洋大气中的钢桥,由于受到海洋性气体中氯离子的侵蚀,腐蚀最为严重;处于工业大气和城市大气环境下的钢桥,由于空气湿度大、污染严重,腐蚀也很严重。其腐蚀机理主要是电化学腐蚀,主要环境影响因素是大气成分、相对湿度、温度等。对于混凝土桥梁来说,各国规范中关注的环境作用类别主要有一般环境(碳化环境)、海洋氯化物环境、除冰盐等其他氯化物环境、冻融环境、化学腐蚀环境、磨蚀环境等。

因此,不同地区、不同类型的桥梁结构劣化规律不同,很难采用统一标准衡量,这也为桥梁安全保障带来了一定的风险。

6.2.4 超载现象严重,劣化规律复杂

已服役桥梁,结构抗力在其服役期内不应出现显著变化,而桥梁的运营荷载是一个随机的过程,在设计阶段通过一定的安全储备来适应桥梁活载的随机性,以确保在正常使用条件下桥梁结构的安全性和耐久性。然而,由于运营模式的变化、路线功能、超载等人为因素改变了荷载随机特征,而桥梁结构在服役期不能主动适应桥梁荷载的变化,桥梁结构的安全性和使用寿命便大幅降低。荷载因素与环境作用对耐久性的影响往往是耦合的,桥梁荷载因素在一定程度上加速桥梁结构的劣化过程,特别当荷载超出结构正常使用的范围时,容易引起桥梁早期病害的产生而诱发一系列的耐久性问题,如混凝土表面的裂缝、桥面系的损坏造成桥梁正常使用功能的退化等。而我国公路运输超载现象普遍存在,屡禁不止,超载一方面增加桥梁结构负担,加剧桥梁疲劳与耐久性问题;更严重的是造成结构损伤、早期破坏和铺装损伤破坏;更严重的可能压垮桥梁。

近年来,由于我国公路运输管理模式和运输业经营者追求利益最大化的影响,各地超载车辆大量出现,并造成了部分道路桥梁的损坏,以致国家有关部门联合发布治超规定。国家投入了大量的人力物力,经过艰苦治超工作,虽然超载车辆上路状况有所改善,但仍经常见到超载车辆压毁道路桥梁的报道,尤其是山西、河南、内蒙古、广东等地。2009 年以来二级路逐渐取消收费,给公路治超的难度进一步加大,超载现象有抬头迹象,铁力呼兰河大桥、津晋高速公路匝道、钱塘江三桥和北京怀柔宝山寺白河桥的垮塌也充分说明了超载的危害性以及超载的严重性,典型事故案例如表 6.10 所示。由于超载、超限现象的存在,使汽车荷载的统计特征发生

了显著变化,从而降低桥梁的安全性,并导致桥梁结构耐久性病害的发生。

超载车辆压垮公路桥梁的典型案例　　　　　表6.10

序 号	桥　　名	发生地	桥梁类型	发生年份(年)	总重(t)
1	省道325线公路桥	新疆	钢架桥	2007	>100
2	太原东柳林桥	山西	梁桥	2007	183.2
3	山西长治武乡县	山西	刚架桥	2007	>130
4	临汾河西龙寺村席坊桥	山西	梁桥	2007	约80
5	澎河桥	河南	梁桥	2007	>250
6	走马岭大桥	河南	梁桥	2009	>100
7	沣河大桥	河南	梁桥	2009	260
8	铁力西大桥	黑龙江	梁桥	2009	>60
9	津晋高速公路港塘立交匝道桥	天津	梁桥	2009	>100
10	上虞春晖立交引桥	浙江	梁桥	2011	>100
11	武夷山公馆大桥	福建	拱桥	2011	>80
12	杭州钱塘江三桥引桥	浙江	梁桥	2011	>100
13	北京怀柔白河桥	北京	拱桥	2011	160

6.3　小　　结

总体而言,我国桥梁安全保障现状严峻。许多桥梁先天不足、后天失养,为交通安全埋下了隐患。随着我国社会经济的发展,桥梁安全与寿命将成为我国公路交通可持续发展的核心问题,主要体现在:

(1)桥梁耐久性不足,桥梁加固改造周期偏短。我国桥梁改建或拆除重建的周期平均为30年,相比于100年的设计使用寿命(或设计基准期),桥梁加固改造周期偏短。与此同时,在路网中还有相当比例的桥梁处于带病工作状态。

(2)病害较普遍。上部结构的桥面铺装、伸缩缝、横隔梁、主梁,下部结构的桥墩桥台均是病害多发区。氯离子侵蚀、冻融和碳化作用是导致桥梁耐久性病害的主要作用形式,影响范围广。而桥梁自身的质量通病是导致耐久性病害的主要影响因素,其中保护层厚度不足、防排水构造设计不合理、混凝土施工质量三个方面影响尤为显著。

(3)环境作用区域特征明显。桥梁病害在不同环境显示出明显的区域性特征。在最普遍的大气环境下,桥梁上下部结构病害数量相当,主要受碳化作用的影响。在海洋环境下,病害主要集中在桥墩部位,其中海洋浪溅区更为显著,在近海环境中,上下部结构主要受盐雾侵蚀作用明显,病害主要表现为氯离子引起的钢筋锈蚀与纵向裂缝。在北方与西部寒冷地区,冻融循环造成桥墩部位的环形剥蚀,在除冰盐的情况下,桥梁构件由于盐冻破坏产生严重的劣化与锈蚀。在盐渍土壤环境中,各种介质的侵蚀会导致在使用十年内的结构出现严重腐蚀,导致加固或重建。

(4)服役桥梁的荷载等级差异大,运营车辆构成复杂。从目前我国公路桥梁垮塌事故的成因来看,过大的运营荷载是造成事故的主要影响因素。我国桥梁经历了多次设计荷载标准的变更,由于运营模式的变化、路线功能、超载等人为因素改变了荷载特征,而桥梁结构在服役期不能主动适应桥梁荷载的变化,造成部分桥梁结构的安全性和使用寿命大幅降低。目前,公路运输荷载特征较以往发生明显变化,公路交通量急速增长,交通组成复杂,货运车辆大型化、重型化趋势明显。路网中服役桥梁的荷载标准差异化较大,难以适应交通运输发展的需求。

（5）部分桥梁结构形式先天不足,存有安全隐患。由于先天不足,部分桥梁结构形式在应用中存在的问题往往会导致桥梁结构安全性和耐久性的下降。预制拼装钢筋混凝土空心板梁桥、中承式和下承式吊杆拱桥、带挂孔的预应力T构、钢筋混凝土刚架(桁架)拱桥、预应力钢筋混凝土连续刚构、连续刚构、刚构—连梁组合体系桥梁、独柱墩梁桥在安全性和耐久性方面问题相对比较突出,在应用中需加以改进。

第7章　国外桥梁安全保障战略和技术

交通基础设施是社会交通体系的重要组成部分,具有社会公益性、经济先导性、网络经济性、规模经济性和军事战略性等基本属性。对于确保我国公路、铁路、桥梁、隧道、地铁等重大结构的安全服役并尽可能延长其使用寿命,充分发挥其基础性、先导性和服务性功能,对于支撑经济建设持续发展、保障人民生活安稳有序、助力国家安全和社会稳定,具有十分重大的战略意义。本章对目前发达国家的桥梁安全保障技术和战略进行综合分析,以期为我国安全保障提供借鉴和参考。

7.1　国外桥梁安全保障体系

7.1.1　法律法规

美国拥有效率最高的高速公路网,其中 6m 以上的桥梁有超过 60 万座,1995 年 11 月制定的国家公路系统在上述全国路网中选出对国家经济、国防、民众有重大关系的一部分作为国家资产进行管理。国家公路系统(National Highway System,NHS)管理的桥梁总长约 25.6 万 km(全国公路网的 4.1%),但交通量约占全国总量的 43.9%,承担了大多数的货物运输。NHS 的桥梁有 122000 座(全国总量的 20%),保证这些桥梁的安全性、健全性和使用性对 NHS 全线畅通是至关重要的。

1971 年 4 月 27 日,美国国会颁发了《国家桥梁检查标准》(National Bridge Inspection Standards,NBIS),这是美国的第一部关于桥梁检查标准,也是美国《联邦法规》(Code of Federal Regulations)的一部分。最初,该法规仅要求各州检查位于联邦出资的公路网上的桥梁,后来扩大到涵盖所有公共道路上的、跨度大于 20ft❶ 的桥梁。该法规要求联邦公路总署与各州协调,建立一个桥梁管理库,叫作"国家桥梁清单"(National Bridge Inventory,NBI)。该管理库包括所有桥梁的详细资料,如位置、桥型、桥长、桥宽、跨数等,还按照其适用性、安全度、满足公用需求的状况进行分类,并为是否进行修复和替换对各桥进行排序。关于 NBI 中有关资料的收集和数据的采集,美国运输部下属的联邦公路总署(Federal Highway Administration,FHWA)颁发了一部专门的规范《国家桥梁的结构清单与评价的记录及编码指南》(Recording and Coding Guide for the Structure Inventory and Appraisal of the Nation's Bridge)。对于各法规和规范的运行,国会颁布了专门的运作计划,1978 年以前实施的叫特殊桥梁替换计划(Special Bridge Replacement Program,SBRP);1978 年,美国第 95 届国会通过了一个法案,叫地面交通辅助条例(SurfaceTransportation Assistance Act,STAA),以公路桥梁替换与修复计划(Highway Bridge

---

❶　1ft＝0.3048m

Replacement and Rehabilitation Program,HBRRP)取代了以前施行的 SBRP。HBRRP 是美国有史以来最大的桥梁替换与修复计划。说它大,是因为,第一,它涵盖了美国所有公路、道路上的桥梁;第二,它涵盖了桥梁建成后,从登记入册到运营过程中的检查、评价、维修、替换的全过程,包括对检查人员的要求和所需资金的筹集与分配等。以上这些,便组成了美国桥梁的检查、修复与替换的法规体系。

1967 年 12 月 15 日,俄亥俄州上一座悬索桥的吊钩脆性破坏引起 46 人丧生,美国运输部因此于 1971 年颁布了全国桥梁检测标准(NBIS)。NBIS 要求,对 6.1m 以上桥梁进行资产管理,并要求由专人至少 2 年一次进行定期检查。1978 年开始的 HBRRP 项目又大幅度地提高了桥梁维修加固的费用,并逐年增长。值得一提的是,HBRRP 仅针对有缺陷桥梁的修复,新建桥梁的建设费由其他联邦资金供给,且联邦补助的条件是各州必须承担项目费的 25%。

美国兴建桥梁数量见图 7.1。

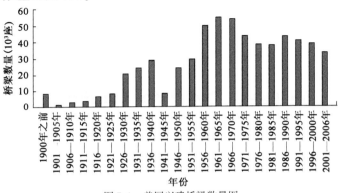

图 7.1 美国兴建桥梁数量图

2008 年,为应对全美超过 59 万座桥梁在规划、运营、维护和经济等方面带来的挑战,培养新一代桥梁和桥梁管理系统,由联邦公路局下属的基础设施研究与发展办公室与美国各州的运输部门、其他联邦机构、学术团体、企业和国际组织合作,发起了美国桥梁长期性能研究计划(LTBP)。该计划将持续 20 年时间,总体目标为:通过检(监)测技术标准制定及设备研发,观察全美范围内具有代表性的桥梁样本,搜集高质量的公路桥梁科学数据,编写定量信息的综合数据库,采用一个全面的方法进行分析,评估影响桥梁性能的各种因素,提供更为详细、及时的桥梁信息和更有效的桥梁管理工具。该计划的实施将有助于展现一个更加细和实时的桥梁健康全景,增强对桥梁性能的了解,最终提高美国公路运输资产的安全性、使用性、长期寿命和可靠性。

美国 LTBP 计划的工作主要分成 2 个阶段:准备阶段(2008—2013 年)和执行阶段(2014—2028 年)。准备阶段的首要工作就是制订路线图,详细规划准备阶段各步骤工作的目标和内容。执行阶段的主要工作则是通过协调、沟通,将准备阶段的研究成果进行推广,编制研究计划以在全美范围内开展详细研究。

7.1.2 养护管理

美国及欧洲等国家的道路结构趋向老化,面临着大量的维修需求,其中需维修的桥梁总数逐年增加。欧美等经济发达的国家和地区更早遭遇了桥梁结构的"老化",建立了较为系统的桥梁结构档案库、桥梁管理系统,甚至相关规范指南,桥梁技术状态的检测和监测技术的发展很快。

20世纪80年代国家桥梁检测程序已日渐成熟,同时美国亦经历了几次悲剧性的桥梁事故,突出的是1983年6月康涅狄格州Mianus河大桥因疲劳断裂而致的塌落事故和1987年4月纽约斯科哈里Creek桥因冲刷导致的垮塌。而后,类似于Silver桥垮塌后催生出NBIS,当局强调关注疲劳与断裂隐患桥梁以及桥梁冲刷问题。1988年12月,FHWA发布编码指南修订版。主要为国家桥梁检测程序的未来十年定型,并为检测人员提供统一、准确的桥梁检测的指导原则。

20世纪90年代是美国桥梁管理系统(BMS)发展的十年。一些州相继建立了完整的桥梁管理系统,同时FHWA赞助PONTIS桥梁管理系统的开发运用。

可以说,美国的桥梁养护政策体系是在总结桥梁事故的基础上不断完善的,随着美国大规模公路建设的逐渐开展,公路桥梁运行监控机制和养护管理机制随之完善:

1967年Sliver桥倒塌——开展国家桥梁检测计划(NBIP);

1971年完成第一版《国家桥梁检测规范》(NBIS);

20世纪70年代FHWA和AASHTO还完成了三部指南手册,完成了检测和评价体系;

1983年Mianus桥梁倒塌——增加了FCM(危险构件)专项检查;

1987年SchoharieCreek桥垮塌——增加水下结构专项检查;

20世纪90年代建立桥梁管理系统BMS,开展HBRRP(高速公路桥梁复原)计划;

2000年以后,AASHTO基于LRFU的桥梁设计规范,制定了LRFR桥梁承载力评定规范,即"荷载—抗力"评定体系。

近几年FHWA及各州均制定了相应的桥梁检查指南、手册,并修订多稿。

7.1.3 检查评估

1)美国

早在20世纪50~60年代,随着美国经济的发展,美国州际和国家公路系统的建设速度不断加快。美国《桥梁检测员手册》(《Bridge Inspector's Reference Manual》(FHWA-NHI-03-001))的统计数据显示,在1961—1970年,全美共设计并建造了大约115000座公共桥梁,由于缺乏相应的安全管理规定,公路技术人员很少重视在役桥梁的安全检查和养护工作。1967年,Silver大桥发生坍塌,这一事故引起了美国社会对桥梁安全运营管理工作的高度重视,美国国会责令美国运输部制订NBIS。1971年,在NBIS正式实施之初,只适用于联邦财政资助的公路网桥梁结构,包括州公路网、州际公路网和美国国家公路网内的桥梁。1980年,FHWA规定,所有桥长大于6m的公共桥梁均应满足该标准的规定。NBIS根据国家桥梁数据库系统的要求,对桥梁检查的组织、从业人员资格、检查频率、检查程序以及桥梁数据等方面做了详细的规定。之后不久,三本详尽的手册(指南)被制定出来以支持NBIS,分别是《桥梁检查员训练手册》[《Bridge Inspector's Training Manual》(FHWA,1970),现在的《桥梁检查员参考手册》(《Bridge Inspector's Reference Manual》)]、《桥梁维修检查手册》[《Manual for Maintenance Inspectionof Bridges》(1970)]、《国家桥梁清单与评价记录与编码指南》[《Recording and Coding Guide for the Structure Inventory and Appraisal of the Nation's Bridges》(1972)]。

NBIS设立这些指令性文件不仅仅是为了检查桥梁,也是为了评估和分析桥梁的技术现状。确定桥梁的承载能力或耐荷等级是根据桥梁调查数据进行桥梁状态评估的主要目的。其中,较早详细规定承载能力评定程序的规范性文件是 AASHTO 的《桥梁维修检查手册》,该规范提供了美国国家范围内的荷载评定的统一方法。在 20 世纪 80 年代后期,桥梁技术人员在规范中审查出许多不足。例如,对于相似损伤程度的桥梁,不同的检查人员可能得出差异较大的荷载评定结果,其原因在于对荷载等级评定规范的理解偏差所致。为了改进检查程序,AASHTO 于 1990 年颁布 AASHTO 荷载和抗力系数桥梁设计规范(AASHTO LRFD Bridge Design Specification),规范采用安全可靠性的方法,实际桥梁评估结果显示,基于新规范的荷载评定结果比较一致。评定规范同样提供了一定的可选项,充分考虑现场特定的交通信息和桥梁的结构性能,以得出更为精确的评定结果。在这一时期,由于美国各州运输部(DOTs)仍然采用荷载系数设计法或容许应力设计法,LRFR 评定方法并未得到普及。1994 年,AASHTO 出版了《桥梁状态评估指南》(《Manual for Condition Evaluation of Bridges》),用来替换《桥梁维修检查手册》[《Manual for Maintenance Inspection of Bridges》(1970)]。尽管新手册包含有一些对于容许应力评级法的准则,却在指南中明确推荐采用荷载系数评级方法。随着荷载系数法在桥梁设计中的日益普及,荷载系数评级方法成为桥梁鉴定评级的首选方法。另外,1993 年,FHWA 发表了 1993 政策备忘录,要求所有的州采用荷载系数评级法汇报年度荷载评定数据,其中,1994 年的汇报数据为新建或维修的桥梁,1995 年则包括所有的在役桥梁。因此,从 20 世纪 90 年代初开始,荷载系数评级法逐步成为美国各州主要的桥梁荷载评级方法。

1993 年,AASHTO 桥梁分委员会以投票方式决定桥梁设计应采用 LRFD 规范。1998 年,AASHTO 将 LRFD 确定为公路桥梁设计的主要设计规范。之后,许多州开始部分或完全采用 LRFD 作为它们设计桥梁的主要依据。在此情况下,随着 LFRD 桥梁设计规范在全国范围的实施,AASHTO 认识到迫切需要改进 LRFR 评级方法并更新《桥梁状态评估指南》(《Manual for Condition Evaluation of Bridges》),以满足日益增加的桥梁荷载评级的需要。2003 年,根据 BalaSivakumar 及 Lichtenstein Consulting Engineers, Inc 研究人员提交的研究报告《基于荷载抗力系数法的公路桥梁状态评估与荷载评定指南》(《Manual for Condition Evaluation and Load Rating of Highway Bridges Using Load and Resistance Factor Philosophy》),AASHTO 正式出版了《公路桥梁状态评估与荷载抗力系数法评定指南》[《Guide Manual for Condition Evaluation and Load and Resistance Factor Rating of Highway Bridges》(2003)]。尽管 AASHTO 桥梁评估手册(2003)中强调 LRFR 方法,然而它同样提供了荷载系数和 LRFR 两种方法的鉴定评级程序,并允许各州可选择二者之一来评定相应的在役桥梁。手册中包括了大量的范例来说明 LRFR 评级法的应用。另外,为超载许可检查制定的荷载系数以及疲劳评估和无破坏性测验是新指南的重要改进内容。和早期的指南规范一样,新手册应用了最新技术并充分考虑现场特定交通和结构性能状态等因素的影响。因此,2003 年颁布的 LRFR 桥梁荷载评级方法内容更为完善,为美国的桥梁荷载评级提供一个更为合理、灵活和强有力的现役桥梁安全性的评估策略。

具体检测要求为:

检测类型和频率。包括初始检查、常规检查、损害检查、深入检查、断裂危险构件检查、水下检查和特殊检查。

检测准备工作要求。美国在检测准备工作要求方面,如在检测计划、人员安排、安全保障等,有比较详细的要求,它能够更加有效的组织和管理桥梁检测过程,提高检测质量,保证人员和设备的安全。

检测指标。美国桥梁检测时不仅关注桥梁构件的劣比(反映抗力的退化),同时也关注荷载变化的调查,体现在检测指标中即为桥梁几何尺寸、日平均交通量(ADT)、日平均重车量(ADTT)等指标。

检测技术。美国 HFHWA 的桥梁检测手册中对人工检测的规定比较详细和全面,包括检测计划、检测工具、到达桥梁构件的措施、检测人员资质要求、防护措施、交通管制等,其指导性和可操作性较强。

2) 英国

英国 BA79/98 规程将桥梁的检查分为以下三类:

(1) 一般检查,包括目测检查和照片记录等,一般不进行详细的测量。检查的周期一般为几个星期至两个月,主要取决于桥梁的状况。

(2) 详细检查,包括检查和记录病害的程度和性质、测量关键部位和病害区域的变形或应变、交通荷载调查。

(3) 深入调查,如果病害在短期内有可能进一步发展并导致结构破坏,则必须进行深入的调查,该级检查相当于我国养护规范的特殊检查,采取的措施包括限制交通量、安装遥控观测系统和自动报警系统等。

3) 丹麦

丹麦桥梁检查分为:表观检查或日常检查;主要检查(定期检查);特殊检查。

4) 澳大利亚

澳大利亚桥梁检查分为:表观检查;整体性检查;详细检查。

5) 法国

法国桥梁检查分为:年检;评估检查;详细检查;特殊级别的详细检查。

6) 德国

德国桥梁检查分为:表观检查;整体检查;详细检查。

7.1.4 桥梁管理系统

美国、英国等发达国家根据桥梁管理需求依次建立了具有自己国家特色的桥梁管理系统,并通过系统研究形成了一套集桥梁检测、评定与加固改造于一体的体系。如在 20 世纪 80 年代美国就建立了 PONTIS(1989 年)和 BRIDGIT(1985 年),我国公路管理部门应用 CBMS 较为广泛。

BMS 为决策者在管理期间合理分配资源,通过采集信息、分析处理数据并给出决策等的一种管理方法。一个良好的管理系统需要综合运用系统分析、经济学以及计算机技术等,结合考虑技术、经济等方面的因素,目的是为了协调桥梁管理的相关内容。

桥梁数据库子系统是 BMS 最为核心的子系统。通过数据处理来对桥梁的技术状态给出评估,给出合理的加固措施并对项目进行合理排序。它既能够根据状况分析来对桥梁进行日常养护,又能及时对桥梁安全给出预警,以便及时采取措施。

BMS 的应用者主要是各级道路、桥梁的管理部门,其一般可以分为网络级和项目级两大类。前者的对象主要为众多桥梁,例如特定地区、路网中某种桥型的桥梁群体,其目的是合理分配资金资源,平衡路网内桥梁的维护需求。后者的对象一般则是单个重要的桥梁,例如安全等级较高或者耐久性损伤严重的独个桥梁,目标是对该对象进行详细、全面的检测维护。从流程上来看,首先应该将路网中众多桥梁经过网络级系统将其进行优先排序,然后把需要详细检测、评估的桥梁作为项目级系统的对象来对其进行维护管理。

总之,两者在功能上有相似之处,但又有其自身特色,在实际应用中,两者协调运用才能更好地发挥桥梁管理系统的功能。

美国 AASHTO 协会认为 BMS 的最低标准应该包含四项基本功能:数据的存储、损伤的分析、功能模型的建立和处理决策的提出。也有学者认为 BMS 至少应包含三个功能模块:数据库模块、计算分析模块和决策管理模块。

(1)数据库采集和管理子系统

该子系统是桥梁管理系统的核心内容,也是最基础的板块,包含数据的采集、校验、分析等,并可以完成数据的查询等内容。

桥梁数据库中应包含桥梁的各项信息,例如设计数据、施工数据、加固数据、耐久损伤状况数据等。

(2)桥梁技术状况评价子系统

该子系统是对数据库模块的桥梁数据进行分析、对比以及评定,完成对整个桥梁安全状况的分析,也是进行桥梁养护对策分析、项目优先排序等的依据。

(3)桥梁技术状况预测子系统

该子系统是预测在桥梁在其服役期间,正常运营或加固补强后的技术状况的变化规律,是决策者制订桥梁长期计划及维修费用预测的重要依据。

(4)养护维修计划子系统

该子系统具有分析统计长期内需要养护维修的桥梁的数量以及资金分配的功能。主要包括以下内容:

①养护对策选择模块,综合考虑环境、经济等方面,根据桥梁的技术状况,综合选择适宜的决策。

②费用—效益分析模块,综合分析采取对策后的费用以及产生的效益如何,以期选择最佳对策。

③优先次序排列模块,根据桥梁技术状况等级的不同,对路网内需要维修补强的桥梁进行优先排序。

桥梁管理养护决策是指通过合理分配资金来确认最优养护方案的过程。决策过程是指决策者根据相关部门供给的桥梁信息,综合制订并分析各个对策产生的效果而确定最优养护措施。其基本流程如图 7.2 所示。

虽然目前的桥梁管理系统的运用和研究已较为成熟,但仍有一些问题需要解决:

(1)目前桥检仍依赖人工采集为主,效率较为低下,而桥梁健康监测系统采集桥梁健康状态数据则比较智能化,所以二者之间必须进行数据交换和共享。但因为二者之间数据格式和内容的差异,目前做到数据互换的不多,需要进一步的研究。

(2)建议桥梁管理系统与不断更新的科技技术相结合,继续完善其功能和区域范围的控制。可以通过互联网技术来扩大 BMS 的适用范围,可以由一个省扩展到一个国家甚至更大范围,实现更完备的地理信息观测手段和表达方式。

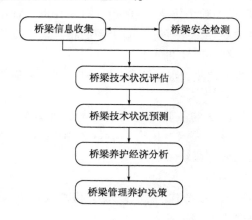

图7.2 桥梁养护决策的流程图

(3)现有桥梁状态分析方法应用于实际中的不多,不能保障预测结果的满意度。如公路桥梁管理系统(CBMS 2000)中技术评价板块用的是层次分析法,尚未引入更精确的模糊评价法等,因此如何将技术状况评价方法应用到实际中还需进一步研究。

(4)数据库的质量和精确化是 BMS 的基础,故有必要将数据的采集处理规程化并结合现代化技术研发出快速、准确、可靠的数据采集方法和仪器。

(5)目前我国的桥梁养护管理与决策存在的问题众多,主要集中在管养手段落后、信息查询手段落后等,需要进一步加强该方面的研究。

(6)应吸取国外桥梁管理系统优点,继续完善桥梁管理系统的板块以及优化措施,使之更加自动化、完整化。

最初的 BMS 不过是基本桥梁信息的计算机档案,如桥龄、所有者等等。然后发展为包括检测计划和从检测、维修中得到的数据存储。随后在桥梁网中确定维修优先级,以便这些桥梁中状况最紧急的最先得到维修。

丹麦采用优先级区分系统;瑞典采用一个规划模块来研究与当前价格费用相关的比选方案;芬兰采用一般维修指南;美国加利福尼亚州采用从 PONTIS 管理系统得来的长期费用最小、使用效果最佳的方案;比利时、法国、德国和爱尔兰的决策是以工程判断为基础的;英国采用了整个生命周期内费用和利润分析;西班牙的决策是以维修费用为基础的,它是考虑了交通中断的维修费用占拆换费用的百分比。多数国家决定何时维修要以检测和工程判断为基础。斯洛文尼亚的决策以增加的交通车流和桥梁对地区的重要性为基础。美国加利福尼亚州以安全和经济利益分析为基础(总的说来,它以技术而不是以经济要求为基础)。

1)美国

PONTIS:使用最广,也是最卓越的系统,超过40个州使用。

BRIDGIT:一个项目级系统。

StateSpecificSystems:亚拉巴马州、印地安那州、南卡罗来纳州、宾夕法尼亚州、纽约州。

尽管美国已广泛使用 POINTS 桥梁管理系统,但仍然有很多方面需要进一步改进和开发。FHWA 目前的研究开发重点在以下3个方面:

(1)以提高桥梁非破损检测、评价技术和管理水平为目的的桥梁资产管理系统的建立。
(2)以开发高性能钢、高性能混凝土、FRP、铝等高性能材料为目的的研究。
(3)对上述2方面的技术应用。所有这些均涉及设计方法的改进、抗震问题、腐蚀、水文、土质等各领域。

美国各州在FHWA认可下,各自开发了相应的桥梁数据采集系统和管理软件。但为了公平合理地分配资金,FHWA必须要有一套标准化的管理体系。POINTS桥梁管理系统即在这种情况下由FHWA投资,与加利福尼亚、明尼苏达、北卡罗来纳、田纳西、佛蒙特、华盛顿等各州的交通局合作,剑桥体系与优化公司为顾问共同开发、运用动态整体规划法,概率条件等手段对桥梁数据进行处理,以预测桥梁未来的维持管理和改建需要等。

2)英国

英国的公路桥梁状态分析依据检测优先权的标准确定,主要考虑对桥龄、桥型、薄弱部位、交通量、地形、线路重要程度这六项的分级,并相应的考虑每一项所分配的权重,进行最终的整体评价分级。

3)丹麦

丹麦的桥梁评定将桥梁分成12部分,即总体、翼墙、护坡、桥台、桥墩、边梁、上部结构、栏杆、桥面、防水层、伸缩缝及其他。

丹麦的桥梁评分采用先对每一部分进行评分,然后给出整体总体评分。评分值从0~5分,0分表示完好无缺,5分表示损伤严重,快要垮掉,3分表示桥梁状况不佳。在实际评分时可采取排除法,即先排除几种不可能的情况(如一般情况下不评0分和5分),最后选择一种比较接近的分值。一般检查还需对各部分的养护状况进行评价,"+"表示养护好,"-"表示养护差。

节能降耗和环境保护,是基于可持续发展的当代绿色交通的重要特征。对桥梁工程而言,增强结构的耐久性并延长桥梁的使用寿命,就是对绿色交通的最大贡献。进入21世纪后,在美国、日本以及欧洲等国家和地区,已强力推进与延长桥梁寿命相关的科研和工程实践,例如欧盟的可持续桥梁(Sustainable Bridges)项目和长寿命桥梁(Long Life Bridges)项目,日本的桥梁长寿命化维修计画(橋梁長寿命化修繕計画),美国公路战略研究计划二期(Strategic Highway Research Program 2)和桥梁长期性能研究计划(Long Term Bridge Program)等。

7.2 国外桥梁安全保障计划的借鉴

一个国家或地区的桥梁发展,大致要经历以下三个阶段:新建为主阶段、建养并重阶段、管养为主阶段通常,当桥梁保有量达到了能满足社会和经济运行总体需求时,就进入"管养为主阶段"。在这一阶段,桥梁的服役性能下降明显,劣化或缺陷普遍,需投入巨资进行修复、加固或替换。例如FHWA2013年的资料表明:美国超过25%的桥梁需要修补或替换。另外,相对频繁的、被动的桥梁修复加固或替换工作还会影响到正常的社会和经济活动。例如,美国公路桥梁每年因维修加固造成的交通延误所带来的非直接损失估计为直接维修费用的10倍。若借助科技创新成果,优化管养策略,就可在保证安全的前提下,投入较少的费用,延长桥梁的使用寿命。自20世纪80年代起,世界工业化国家中的桥梁工程重心就开始逐步转移到桥梁的养护维修、鉴定评估和加固改造方面。

7.2.1 欧盟可持续桥梁项目

欧盟可持续桥梁(Sustainable Bridges)项目由"欧盟第六框架计划"资助,起讫时间为2004—2007年。所谓欧盟框架计划,是欧盟成员国和联系国共同参与的中期重大科技计划,以国际科技前沿主题和竞争性科技难点为研究重点,具有研究水平高、涉及领域广、投资力度大、参与国家多等特点。

该项目以欧洲铁路桥梁为研究对象,项目全称为"可持续桥梁——对未来交通需求及更长寿命的评估",资助经费超过1000万欧元。研究团队来自于欧盟12个国家的32家单位,包括业主单位(占比25%)、咨询公司(9%)、承包商(9%)、研究机构(19%)和大学(38%),由此构成了从用户到设计、建造和研发的完整链条。项目的三大目标是:

(1)提高既有桥梁的运输能力,期望对常速的货物运输,可将轴重提高到33t,对轴重较小的客运,可将速度提高到350km/h。

(2)延长既有桥梁的剩余使用寿命,量化为延长25%。

(3)升级桥梁的养护维修、加固修复的管理系统。

可持续桥梁项目对欧洲铁路桥梁业主感兴趣的问题进行了问卷调查,据此拟订项目所应开展的研究工作。排在前10位的问题如下:

(1)更好的评估工具。

(2)非破坏性维修方法。

(3)设计和评估中理论动力系数的确认。

(4)新材料的应用。

(5)合适的诊断和维修系统。

(6)混凝土桥的劣化控制。

(7)用于钢桥评估(或裂纹检测)的间接检验或动力特性监测技术。

(8)混凝土修复与防水。

(9)更好的试验方法。

(10)拱的适用性。

可持续桥梁项目共分成6个工作组来分别开展各项技术研究工作:

第1组:检测技术与状态评估。对可用于量化桥梁现状的各种适用的测量方法进行了广泛研究,主要针对自动检测和方法的组合运用。各种非破坏性方法(雷达成像、超声波等)用来检验钢、混凝土、砌体以及地基、路堤中的缺陷或病害。

第2组:监测技术。评估现有监测技术(传感器、数据通信和数据处理),研究基于光纤传感器技术和微型机电系统的无线传感器网络。因光纤传感器不受电磁场干扰,适合用于铁路桥。小型、集成的微机电系统则可显著降低监测成本。

第3组:承载能力和抗力评估。基于相关领域(铁路桥梁荷载及动力响应、简化的概率评估方法、测试数据的贝叶斯更新、钢和混凝土桥梁疲劳、钢筋腐蚀及其效应、桥梁分析的非线性有限元方法等)的研究成果,提出了《欧洲铁路桥梁荷载及抗力评估指南》和相应的评估流程图。同时,针对大量长寿命的圬工拱桥研制出的一套新的评估算法。

第4组：修复与加固技术。基于试验室试验开展修复和加固技术研究。这些技术或方法无需长期中断交通，而且经济环保。CFRP是修复与加固材料的研究重点。

第5、6组：试验与验证。对既有的一座钢桥、一座混凝土桥和一座圬工拱桥进行现场试验，将测试结果与理论评估值进行比较。实际动力放大系数测试结果表明：桥梁可承受的轴重高于规范值。破坏试验结果表明：经CFRP材料加固后的桥梁承载力远远高于未加固者。

7.2.2 日本桥梁长寿命化维修计划

根据日本国土交通省截至2013年的统计数据，日本的道路桥梁（长度2m以上）总数约70万座（若只统计长度15m以上的桥梁，总数则为16.1万座）。这些桥梁的历年建造数量如图7.3所示。由图7.3可见，日本道路桥梁超过百年寿命者很少；伴随着战后日本经济的高速发展，其桥梁建设也得到快速发展，并在20世纪70~80年代达到高潮，随后逐年减少。

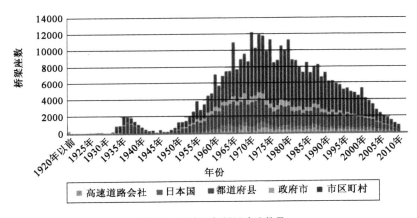

图7.3 日本历年桥梁建造数量

从分布情况看，桥梁位于高速公路者仅占比2%，位于国道者占比4%，分布在都道府县和政令市辖区内者分别为19%和7%，位于市区町村辖区内者则高达68%。

图7.4为日本和东京都桥梁服役时间统计，从图中可以看出，到2013年，超过50年的桥梁为7.1万座，占桥梁总数的34%；预计到2023年，座数将增加到17.1万，比例上升到55%；到2033年，座数将增加到26.7万，比例再升到76%。由此可以看出，第一，随着时间的推移，桥梁结构老化的比例在增长，其速度与过去的建设速度大体一致；第二，若采用常用的"事后维修"方法，则对应过去桥梁建设时的高速发展时期，今后必然会出现一个高密度和高强度的加固更换时期。对于一个既有的道路系统而言，若大量桥梁同时需要维修、加固和更换，届时将会给国家的经济发展、道路交通和社会生活等带来巨大压力。

鉴于此因，2009年东京都建设局率先提出桥梁管理的中长期计划，其核心内容是把常用的以事后维修为主的方法，改为以预防性维修为主的方法。这一做法现已在日本全国推行，并从桥梁工程延伸到各类基础设施。这一措施的目标是：

2016年，制订整体的维持管理体制及中长期行动计划，针对基础设施加强检查、修缮，确保安全。

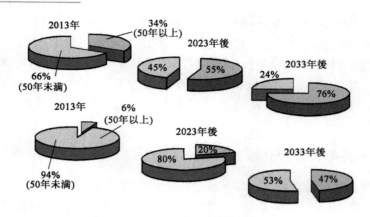

图 7.4 日本和东京都桥梁老化情况

2020年,分类制订学校、道路、下水道等设施检查、修缮计划。

2030年,性能退化导致的重要基础设施的重大事故为零。

日本桥梁预防性维修的一般做法是:先对各辖区内的桥梁进行检查,统计出桥梁的类型、材料、构造特点、服役时间等基本信息;再对桥梁的老化现状及其发展趋势进行分析,对桥梁的劣化或缺陷进行调查并开展健全度评估(共分5级);最后针对本辖区的桥梁状况提出对应的管养策略(主要与桥梁健全度有关,也与桥梁重要性和管理水平等有关)、实施计划和经费投入。

到2013年4月,日本全国95%的桥梁(长度15m以上)完成了检查,79%的桥梁已纳入长寿命化维修计划。计划的执行情况,各地进度不一,对都道府县和政令市辖区内的桥梁,约完成了30%;对市区町村辖区内的桥梁,完成量不足10%。

日本通过采用长寿命计划,预计30年内能减少11000亿日元(724亿人民币)的维护管理费用(图7.5)。同时还能带来大量的环境、交通和安全效益。

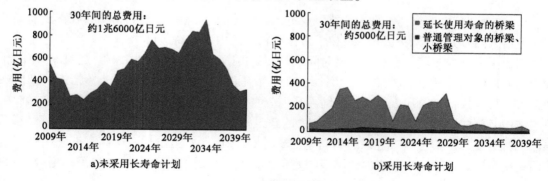

图 7.5 日本桥梁维护费用比较

7.2.3 美国公路战略研究计划

这是由美国运输研究委员会(TRB)从2006年开始启动的一个庞大的研究计划,并已在2015年结束,研究经费约为3.5亿美金。这个研究计划的主旨是:关爱生命,减少拥堵,改善生活质量。这体现出现代科技"以人为本"的战略思维转变。该计划共开展与公路交通相关的四大类课题研究:Safety(驾驶安全)、Capacity(通行能力)、Reliability(可靠性能)和 Renewal(结构更新),只有最后一个课题与桥梁相关。

结构更新这一课题的目的,就是针对公路交通基础设施的系统化修复改造,研发相关技术和解决方案,这些技术和方案应实施便捷,对交通影响最小,并可延长设施的使用寿命。该课题下共列有 34 个子课题,与桥梁相关的主要子课题是:"使用寿命超过 100 年的桥梁:创新的系统、子系统和构件"和"使用寿命超过 100 年的桥梁:运营极限状态设计"等。

"使用寿命超过 100 年的桥梁"这个子课题的研究目标是:从桥梁构件、子系统到系统层面,明确问题(主要包括养护维修经费欠缺,维修加固时对正常交通的干扰大,各种不利的自然环境对桥梁耐久性的影响,可能的车辆超载的影响等),提出解决方案,构建出高性能桥梁的发展战略;同时,提出一套可延长桥梁使用寿命的概念并加以验证。核心内容是针对桥梁使用寿命,配合现有设计规范,研发出一套系统的、综合的、协调一致的设计方法,并展示出可延长桥梁使用寿命的明确信息;最后取得的主要成果包括桥梁使用寿命和耐久性的系统设计方法,基于运营极限状态的新桥(或旧桥)使用寿命设计指南等。

美国通过实施桥梁长期性能计划,通过大量的数据收集、理论分析了解桥梁的安全现状,并通过新的设计、施工和管养方法,有效地提升了在役桥梁的安全保障。通过收集美国桥梁不同时间的病害情况,可以分析实施长期性能计划前后美国桥梁的技术状态情况,如表 7.1 所示。

美国公路桥梁技术状态表 表 7.1

年份(年)	桥梁总数	结构性缺陷数	功能性缺陷数	病害桥梁数	结构性缺陷所占比例(%)	功能性缺陷所占比例(%)	病害桥梁所占比例(%)
2016	614387	56007					
2015	611845	58791	84124	142915	9.61	13.75	23.36
2014	610749	61365	84525	145890	10.05	13.84	23.89
2013	607751	63522	84348	147870	10.45	13.88	24.33
2012	607380	66749	84748	151497	10.99	13.95	24.94
2011	605103	68759	84832	153591	11.36	14.02	25.38
2010	604493	70431	85858	156289	11.65	14.20	25.85
2009	603310	72402	87460	159862	12.00	14.50	26.50
2008	601506	72883	89189	162072	12.12	14.83	26.94
2007	599880	74066	89080	163146	12.35	14.85	27.20
2006	597561	75422	89591	165013	12.62	14.99	27.61
2005	595668	77863	90010	167873	13.07	15.11	28.18
2004	594100	79971	90076	170047	13.46	15.16	28.62
2003	592337	82283	90346	172629	13.89	15.25	29.14

续上表

年份(年)	桥梁总数	结构性缺陷数	功能性缺陷数	病害桥梁数	结构性缺陷所占比例(%)	功能性缺陷所占比例(%)	病害桥梁所占比例(%)
2002	591243	84031	90823	174854	14.21	15.36	29.57
2001	590153	86144	91357	177501	14.60	15.48	30.08
2000	587735	89460	91182	180642	15.22	15.51	30.74
1999	585936	91087	92625	183712	15.55	15.81	31.35
1998	583408	96319	90506	186825	16.51	15.51	32.02
1997	583203	102129	88724	190853	17.51	15.21	32.72
1996	582037	105462	93415	198877	18.12	16.05	34.17
1995	583089	107909	93538	201447	18.51	16.04	34.55
1994	576396	111533	92571	204104	19.35	16.06	35.41
1993	574115	116400	92214	208614	20.27	16.06	36.34
1992	572629	124072	92229	216301	21.67	16.11	37.77

美国公路桥梁技术状态见表7.2。

美国公路桥梁技术状态表(纳入 NHS 系统)　　　　表7.2

年份(年)	桥梁总数	结构性缺陷数	功能性缺陷数	病害桥梁数	结构性缺陷所占比例(%)	功能性缺陷所占比例(%)	病害桥梁所占比例(%)
2016	144610	5153					
2015	143139	5479	24026	29505	3.83	16.79	20.61
2014	143165	5951	24098	30049	4.16	16.83	20.99
2013	140238	6348	23303	29651	4.53	16.62	21.14
2012	117485	5237	19075	24312	4.46	16.24	20.69
2011	116929	5561	19040	24601	4.76	16.28	21.04
2010	116669	5902	19061	24963	5.06	16.34	21.40
2009	117514	6152	19559	25711	5.24	16.64	21.88
2008	116523	6272	19707	25979	5.38	16.91	22.30
2007	116144	6377	19434	25811	5.49	16.73	22.22
2006	115202	6339	19368	25707	5.50	16.81	22.31
2005	115247	6527	19488	26015	5.66	16.91	22.57
2004	115103	6617	19408	26025	5.75	16.86	22.61
2003	114677	6733	19537	26270	5.87	17.04	22.91

续上表

年份(年)	桥梁总数	结构性缺陷数	功能性缺陷数	病害桥梁数	结构性缺陷所占比例(%)	功能性缺陷所占比例(%)	病害桥梁所占比例(%)
2002	114544	6712	19667	26379	5.86	17.17	23.03
2001	114890	6864	19951	26815	5.97	17.37	23.34
2000	114565	6920	20222	27142	6.04	17.65	23.69
1999	125285	9911	23555	33466	7.91	18.80	26.71
1998	113355	7908	20547	28455	6.98	18.13	25.10
1997	127865	9955	24595	34550	7.79	19.24	27.02
1996	122030	9168	26225	35393	7.51	21.49	29.00
1995	125388	12084	25595	37679	9.64	20.41	30.05
1994	125885	12591	25916	38507	10.00	20.59	30.59
1993	125239	10457	26785	37242	8.35	21.39	29.74
1992	54207	3847	11924	15771	7.10	22.00	29.09

从表中可以看出,美国桥梁在20世纪90年代的状态数据并不乐观,存在结构病害的桥梁占20%,存在功能缺陷的占10%,大约有1/3的桥梁存在不同程度的病害;同时可以看出纳入美国国家桥梁数据库(NHS)管理桥梁的状态要相对良好一些,尤其是影响桥梁安全的结构病害数据比整理数据低,在20世纪90年代为7%~10%(全国桥梁为20%),到2015年为5%左右(全国桥梁为10%)。为进一步分析美国桥梁长期性能计划的效果,将不同年份影响桥梁安全保障的结构病害按比例绘图,图7.6和图7.7分别表示美国公路桥梁和NHS数据库管理桥梁的结构病害比例。

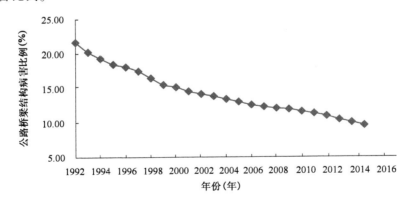

图7.6 美国公路桥梁结构病害比例

从图7.6和图7.7可以看出,美国桥梁中存在结构病害的比例逐渐降低。特别是实施桥梁长期性能计划后,纳入NHS数据库管理桥梁的结构病害控制在3%~4%。这说明,只要对桥梁的安全保障足够重视,并提出切实可行的解决方案,就能够保障桥梁安全。

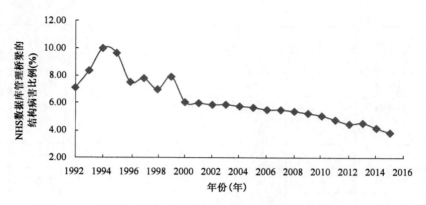

图7.7 美国NHS数据库管理桥梁的结构病害比例

图7.8为桥梁结构可靠指标与养护维修之间的关系曲线。该曲线描述了在维修加固的影响下,一座桥梁从投入运营到废弃全过程中可靠指标的变化。从图中可见,由于各种因素的影响,桥梁结构实际的可靠指标β不可能保持常值,在正常养护维修区段$\Delta T_{i,i+1}$内,β会随时间而逐步减小;随着时间的推移,结构累积损伤效应会越来越突出,β减小的速率会加快;通过检查和评估,一旦评判出β接近或达到容许的最低可靠指标$[\beta^*]$,就需要维修加固(在T_i时刻),从而使结构的安全水平回升至设计值$[\beta]$附近;对服役较长的桥梁,耐久性变差,β减小的速率加快,为及时发现和解决问题,检测周期需越来越短,桥梁维修加固费用会越来越高;一旦确认再次维修加固(在T_e时刻)不合算时,就该报废旧桥了。

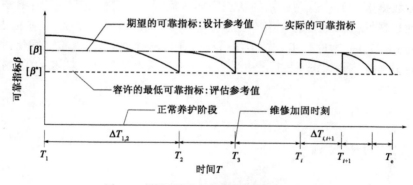

图7.8 桥梁可靠指标与养护维修之间的关系

将图7.8中的竖轴改为衡量桥梁劣化程度的健全度,构造出图7.9来说明桥梁预防性维修的理念和策略。该图描述了健全度分级、不同维修方式下健全度的变化、维修方式与周期、经费投入等之间的关系。从图中可见,桥梁健全度共分5级,从优到劣,分别为健全(无劣化)、良好(几乎无劣化)、关注(轻微劣化)、警告(较严重劣化)和危险(严重劣化)。过去的实际做法是:当劣化下降到"警告"一级时,才启动事后维修(图中虚线)。这样的维修方式所带来的问题是:因劣化较为严重,每次维修的费用高;即便通过维修使桥梁回归到"健全",但因劣化已对结构的耐久性产生了不可完全逆转的负面影响,随着时间的推移,下一次出现劣化的时间可能会提前(维修周期缩短),劣化可能更为严重(健全度削弱),将结构恢复到"良好"或"健全"的费用更高。如此下去,桥梁的使用寿命就缩短了。对比来看预防性维修(图中实线),尤其是当劣化下降到"关注"一级时便启动的维修,因劣化轻微,故每次维修规模小,维修费用不高;而且,轻微劣化对结构耐久性的负面影响也较轻微,于是总体上可保持其维修周期与费用不变或变化较小。这样,不仅节省了维修经费,同时也延长了使用寿命。

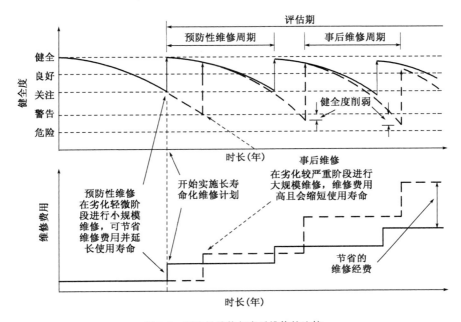

图7.9 预防性维修与事后维修的比较

7.3 小　　结

可以看出,发达国家通过对桥梁等基础设施的情况调查分析,针对自身的经济发展特点和建设技术,重视桥梁安全保障、充分利用旧桥的承载潜力,积极采取先进技术和方法,尽量掌握目前桥梁安全状态,分别提出了各自的桥梁安全保障和长寿命计划,从目前来看,实施效果良好。我国在桥梁检测、监测和加固等方面的建设和维护管理也累积了大量的经验,通过进一步实施桥梁安全保障战略,从制度、法规、规范、管养、检查评估和人才储备方面,加大国家投入,深入开展科学研究,保障我国服役和新建桥梁的安全。随着时间的推移,大批的桥梁工程结构物老化与性能退化的现象将日益突出,部分重大结构将陆续达到设计使用寿命。因此,建议尽快在我国实施"桥梁等基础设施结构安全保障计划",构建适合我国国情的桥梁安全保障技术体系和标准,对于确保我国桥梁结构安全和人民群众生命财产安全具有十分重大的意义。

第8章 我国桥梁安全保障战略

我国公路交通"十二五"固定资产投资超过 12.5 万亿元,"五纵五横"综合运输大通道基本贯通,公路总里程达 457 万 km(含高速公路 12.54 万 km)。铁路固定资产"十二五"规划投资为 2.8 万亿,铁路运营总里程已突破 12 万 km(含高铁 1.9 万 km)。至 2016 年,全国公路桥梁 80.53 万座、4916.97 万延米;铁路桥梁 6.5 万座左右,延长超过 1.2 万 km。

桥梁始终面临着诸多环境因素和人为因素导致的安全隐患,主要包括:公路设施的超载运营,长期服役导致的材料劣化和结构性能退化,养护维护的欠缺或不当,地震洪水等带来的自然灾害风险,工程管理系统水平总体偏低等。这导致近 20 年来我国交通基础设施事故频发、结构耐久性普遍不足,实际寿命偏短,给既有的重大结构长寿命安全使用带来严峻挑战。另一方面,我国交通仍处于快速发展时期,近年来新建的重大交通基础设施呈现出规模巨大、结构新颖、技术复杂等特点,其长期性能、致灾行为与安全控制更为复杂多变,养护维修也呈现出一些新形式和新特征。对此,也需要及时开展相关的系统研究。

鉴于交通基础设施日益严峻的安全形势及其在国计民生中的重要地位,许多发达国家先后发起了针对交通基础设施的战略性研究计划,如美国的桥梁长期性能研究计划、日本的基础设施长寿命化基本计划、加拿大和英国的道路管理系统、澳大利亚和新西兰的资产管理系统等。由于交通基础设施历史发展的内在规律性,以长寿命安全为特征的养护维修工作必然会成为工作重点。目前,发达国家已投入大量的人力物力,以可持续发展为导向,以安全前提下的经济耐久和绿色健康为目标,开展与交通基础设施相关的资产管理、养修策略、评估理论、加固技术等科学研究和工程实践。

8.1 总体目标

紧扣国家发展战略,通过体制创新、机制创新、科技创新和产学研结合,以满足经济社会发展和人民生命财产安全需求为目标,充分发掘我国交通基础设施服务国家经济发展的潜力,提高重大结构的安全性、耐久性和适用性,同时推进基础设施建设与信息化、工业化、绿色制造的深度融合,培育适合我国交通基础设施建设与管养工作的新型产业体系,使我国在交通基础设施重大结构长寿命安全保障领域的设计、施工、管理等方面的综合能力达到世界先进水平。至 2035 年,全面建成管理科学、应急高效的智能化、信息化、立体化桥梁安全保障体系,全面提升重大桥梁结构安全综合保障能力和抗风险能力。确保我国交通基础设施重大结构不发生重大安全事故,为国民经济建设与发展提供有力的支撑条件。

第一步:2017—2023 年,掌握现状阶段,分区域、分桥型、分建桥年代,以百年(重要桥梁 120 年)桥梁为目标,摸清现有在役桥梁与百年(重要桥梁 120 年)桥梁之间的差距。

第二步:2024—2029 年,实施四大工程,以百年(重要桥梁 120 年)桥梁为目标,在第一阶段基础上,全面实施桥梁性能提升计划。

第三步:2030—2035 年,构建智能化、立体化、信息化桥梁安全保障体系。

8.2 战略措施

具体来说,可以分三步走来达到预期目标:

(1)全面掌握我国交通基础设施重大结构的建设现状并对未来的发展趋势进行预测。按交通基础设施重大结构分类,研究确定需要采集的科学数据、制定数据采样、采集和质量保证的标准,并系统收集相关数据,建立详细及时的结构健康数据库以及与之相关的开放的、可升级的、可扩展的数据管理和数据分析系统。通过系统分析采集的相关数据,确定未来研究、监(检)测和评估所需要的典型的重大结构的类型、数量及位置并制订相应的研究计划。这项工作应在 2020 年之前完成。

(2)系统开展关键技术领域方面的研究工作,包括:长寿命安全领域共性的基础理论与方法研究、结构长寿命安全评价及预警平台、重大结构系统预防性养护维修策略、结构检测与健康监测新型实用技术、重大结构长寿命安全保障技术与应急技术装备、新材料、新技术、新装备的研发与应用,长寿命安全保障的政策与法规的建立等,取得关键技术领域的突破,并建立相应的技术法规与规范。成果将广泛应用于重大结构的长寿命安全保障领域,应用的范围应达到重大结构总数量的 20%。此项工作应在 2025 年之前完成。

(3)构建适合我国国情的交通基础设施重大结构的长寿命安全保障系统,普及推广与之相关的新材料、新技术、新结构、新装备、新工艺、新规范、新制度,建立重大结构管养的标准体系,逐步培育新型产业体系和国民经济新的增长点,对重大工程结构实现可测、可检、可控、可修、可换、可应急处置,充分发挥交通基础设施重大结构为国民经济建设服务的重大功能并体现出重大的经济效益。此项工作应在 2035 年之前完成。

具体目标如下:

①所有基础设施重大结构均应建立相应的长寿命安全保障的标准化计划并落实在日常管理工作之中。

②建立重大结构长寿命安全保障领域的产业体系,其产业化实现的产值达到重大结构新建产值的 50%。

③所有基础设施重大结构均可以使用新型传感器、机器人、非破坏性检查技术等,结合大数据、云计算的现代信息技术,实现高水平、高效地进行检查、检测、评估、修补或加固处置。

④通过上述工作,使交通基础设施重大结构在可使用寿命内发生的重大事故概率降低到发达国家水平。

⑤结合国家"一带一路"倡议,在沿线国家推广相关成果与技术,推广应用的比例应达到新建结构的 30%。

8.3 战略任务

(1)基于信息技术与大数据的大型工程结构数据库的建立,构建从勘察规划设计建造到运营维护与管理的全寿命信息档案与管理系统,建立基于数据库和现代试验技术的结构劣化与剩余寿命预测模型,构建重大结构长寿命安全理论与方法,实现重大结构养护维修与加固对策制订的科学化。

(2)基于现代传感技术、信息技术、结构评估评价技术的大型结构健康监测与安全控制体系构建,以及适应现代运营组织与管理的点、线、面、体监控体系的构建,推动适应大型工程结构的现代传感与监测仪器装备的研发及其产业化。

(3)基于新材料、新结构、新工艺的大型结构性能改造与提升工程及其产业化的发展,用于不仅能够延长使用寿命,而且提高承载力,形成新型结构受力体系。

(4)应对不同自然灾害的大型结构应急抢修、抢建与装备研发和应急救援组织管理体系的构建。

(5)基于信息化、网络化、智能化的现代运营组织管理与全寿命预防养护维修模式及其自动化养护机械设备的研发,培育重大交通基础设施养护、维修、加固的新型产业。

(6)建立适应现代大型工程结构全寿命周期管理的国家政策、法规、技术标准和规范。

8.4 建　　议

延长交通基础设施重大结构的使用寿命并确保其使用安全已成为发达国家面临解决的重要课题。我国既有交通基础设施重大结构数量庞大,且安全性和耐久性不足,长寿命安全保障问题日益突出。迫于我国交通持续发展的巨大压力,鉴于长寿命安全领域的理论、技术与管理体系的缺失或不足,建议尽快实施交通基础设施重大结构长寿命安全保障行动计划。

参 考 文 献

[1] 2017年交通运输行业发展统计公报,http://www.gov.cn/xinwen/2018-03/30/content_5278569.htm

[2] 中华人民共和国交通运输部"十三五"现代综合交通运输体系发展规划.

[3] 张喜刚,刘高,马军海,等. 中国桥梁技术的现状与展望[J]. 科学通报,2016(4):415-425.

[4] 冯正霖. 我国桥梁技术发展战略的思考[J]. 中国公路,2015(11):38-41.

[5] 张劲泉,冷艳玲,李万恒,等. 中国公路桥梁承载能力评定规程的可靠性水准[J]. 公路交通科技,2015,32(4):59-63.

[6] University of Missouri-Columbia & University of Missouri-Rolla. Steel-Free Hybrid Reinforcement System for Concrete Bridge Deck. Technical Report No. OR06-014,2006.

[7] E. J. O'Briena, et al. Long life bridges[C]// Transport Research Arena, Transport Solutions: from Research to Deployment-Innovate Mobility, Mobilise Innovation, Paris, 14-17 April, 2014.

[8] 项海帆,潘洪萱,张圣城,等. 中国桥梁史纲[M]. 上海:同济大学出版社,2009.

[9] 项海帆. 21世纪中国桥梁的发展之路[J]. 科技导报,2015,33(05):1.

[10] 项海帆. 桥梁概念设计[M]. 北京:人民交通出版社,2011.

[11] 乔健. 漫谈中国铁路桥梁发展的历程[J]. 铁道标准设计,2012(03):27-30.

[12] 国务院关于印发"十三五"现代综合交通运输体系发展规划的通知,http://www.gov.cn/zhengce/content/2017-02/28/content_5171345.htm.

[13] 周建庭,张劲泉,刘思孟,等. 大型桥梁实用监测评估理论和技术[M]. 北京:科学出版社,2014.

[14] 李亚东. 既有桥梁评估方法研究[J]. 铁道学报,1997,19(3):109-115.

[15] 李亚东. 既有桥梁结构的可靠性评估专题研究报告[R]. 成都:西南交通大学,1996.

[16] Jianting Zhou, Xiaogang Li, Runchuan Xia, et al. Health Monitoring and Evaluation of Long-Span Bridges Based on Sensing and Data Analysis: A Survey[J]. Sensors, 2017, 17(3):603.

[17] Yadong Li, et al. Sustainable design in bridge engineering [C]//International Symposium on Innovation & Sustainability of Structures in Civil Engineering, Xiamen, China, 2011.

[18] 周建庭,张劲泉,刘思孟. 大中型桥梁加固新技术[M]. 北京:人民交通出版社,2010.

[19] Jan Olofsson. Sustainable Bridges: Assessment for future traffic demands and longer lives. [EB/OL]. (2016-03-15).

[20] 東京都建設局. 橋梁の管理に関する中長期計画. 平成21年3月.

[21] 周建庭,杨建喜,梁宗保. 实时监测桥梁全寿命预测理论及应用[M]. 北京:科学出版社,2010.

[22] Atorod Azizinamini, et al. Bridges for Service Life Beyond 100 Years: Innovative Systems, Subsystems, and Components. TRB Report S2-R19A-RW-1, WASHINGTON D. C. 2014.

[23] Federal Highway Administration, United States Department of Transportation. LTBP-Long-Term Bridge Performance Program. [EB/QL]. (2016-03-15).

[24] 徐丽. 养护是朝阳产业——"十三五"公路养护面临的形势分析和问题导向[J]. 中国公路,2015(5):80-83.

[25] Zhou Jianting, Chen Yue, Li Xiaogang, et al. A New Safety Evaluation Method For Long-Span Bridges With Tele-Monitoring Systems[J]. Intelligent Automation & Soft Computing, 2010, 16(5): 635-644.

[26] 国土交通省. 道路構造物の現状(橋梁). [EB/OL]. (2016-03-15) http://www.mlit.go.jp/road/sisaku/yobohozen/yobo1_1.pdf.

[27] 日本橋梁建設協会. 100年橋梁. [EB/OL]. (2016-03-15) http://www.jasbc.or.jp/panfuretto/panfu_100year_201505.pdf.

[28] 杉本一朗,斉藤雅充,市川篤司. 鋼鉄道橋における予防保全への取組み. [C]//第11回鋼構造と橋に関するシンポジウム論文報告集. 土木学会鋼構造委員会,2008.

[29] 国土交通省. インフラ長寿命化基本計画. 平成25年11月. [EB/OL]. (2016-03-15).

[30] 中野区橋梁長寿命化修繕計画. 平成25年5月. [EB/OL]. (2016-03-15).

[31] 周建庭,梁宗保,岳军声,等. 基于统计指标的混凝土桥梁结构健康诊断的方法,中国,ZL200910191313.9,发明,2011.1.05.

[32] 李亚东,等. 重大桥梁结构安全保障技术及战略研究——大跨复杂桥梁专题中期报告[R]. 成都:西南交通大学,2015.